Theo Sorg

Woran Christen glauben

Das Apostolische Glaubensbekenntnis
erklärt für unsere Zeit

calwer Paperback

Meinen Enkelkindern

Theo Sorg

Woran Christen glauben

Das Apostolische Glaubensbekenntnis erklärt für unsere Zeit

Calwer Verlag Stuttgart

Gedruckt mit freundlicher Unterstützung
der Calwer Verlag-Stiftung

Bibliografische Information der Deutschen Bibliothek

Die Deutsche Bibliothek verzeichnet diese Publikation in der Deutschen Nationalbibliografie; detaillierte Daten sind im Internet über http://dnd.ddb.de abrufbar.

ISBN 978-3-7668-4183-4

Typografie, Satz und Herstellung:
ES Typo-Graphic Ellen Steglich, Stuttgart
Umschlaggestaltung: Karin Sauerbier, Stuttgart
Druck und Verarbeitung: Beltz Druckpartner, Hemsbach

E-Mail: info@calwer.com; Internet: www.calwer.com

Inhalt

Vorwort

„Bekenntnisse sind Basistexte der christlichen Kirche. Als komprimiertes Evangelium bilden die altkirchlichen Bekenntnisse eine gemeinsame Grundlage, auf der sich die Kirchen trotz ihrer unterschiedlichen Ausprägungen zusammenfinden. Darüber hinaus bilden sie ein gemeinsames Fundament, auf das wir uns als einzelne Christen mit unseren Glaubens- und Lebenserfahrungen stellen können, selbst wenn die Bekenntnisformulierungen in ihrer Fülle und Dichte unsere persönlichen Erfahrungen oftmals übersteigen. Aber gerade so sind sie eine unverzichtbare Zusammenfassung des Glaubens- und Erfahrungsgutes der ganzen Kirche, in denen grundlegende Daten des Heilshandelns Gottes mit seiner Kirche und mit der Welt formuliert sind.

Grundlegendes lässt sich freilich nicht leicht handhaben. Der historische Abstand, der komplizierte Werdegang der Bekenntnisformeln und manche altertümlich wirkenden Formulierungen erschweren uns Heutigen den Zugang … Es ist deshalb unsere Aufgabe, die alten Bekenntnisse in den Gemeinden neu bekannt zu machen, zu erklären, auf unsere Zeit anzuwenden und einzuüben. Denn nur was man kennt, kann man auch bekennen. Und nur so erweist das alte Glaubensgut, das so viele Generationen vor uns getragen, durch Anfechtung und Verfolgung hindurchgebracht und Gemeinschaft gestiftet hat, seine vergewissernde Kraft."

Diese Sätze habe ich vor Jahren in einem meiner Bischofsberichte vor der württembergischen Landessynode vorgetragen. Jahre später erlebe ich im persönlichen Bereich den „Ernstfall".

Ein Sonntagmorgen im Sommer 2009 in Blaubeuren, unserem Alterswohnsitz. Gottesdienst in der großen Stadtkirche St. Peter und Paul. Weil in diesem Gottesdienst Taufen stattfinden, erhebt sich die Gemeinde zum Sprechen des Glaubensbekenntnisses. Neben meiner Frau und mir steht unsere älteste Enkeltochter Theresa, 18 Jahre alt. Sie hat gerade die Abitur-Prüfung hinter sich. Tapfer und deutlich spricht sie das alte Bekenntnis der Kirche mit, Wort für Wort. Ich freue mich darüber.

Nach dem Gottesdienst kommt mir der Gedanke, ob sie wohl auch verstanden hat, was sie jetzt so sicher sprach. Gewiss hat sie im Konfirmandenunterricht den Wortlaut des Bekenntnisses auswendig gelernt und hat ihn wohl auch erklärt bekommen. Aber ob sie dadurch dem Sinn und Inhalt einzelner schwieriger Passagen auf die Spur gekommen ist? Und ich denke dabei auch an unsere weiteren Enkelkinder, bis hin zu Simon, dem Jüngsten, der jetzt gerade eingeschult wird. Eigentlich müsste ich ihnen eine kleine Verstehenshilfe in die Hand geben, damit sie neben dem Wortlaut auch den damit gemeinten Inhalt aufnehmen können: Weltschöpfung, Jungfrauengeburt, Höllenfahrt, Auferstehung, Wiederkunft Christi, Weltgericht … Ich suche nach einer kleinen Schrift. Aber je mehr ich mich auf einen entsprechenden Titel besinne, umso schwieriger wird es, einen passenden für sie zu finden. Entweder sind die mir zugänglichen Erklärungen des Credo für eine andere Zeit geschrieben oder sie erscheinen mir theologisch zu kompliziert.

Diese Überlegungen haben mich bewogen, selbst noch einmal an die Arbeit zu gehen mit dem Versuch, für unsere sechs Enkelkinder und für alle, die danach greifen wollen, das Bekenntnis der Kirche neu zu erklären. In den langen Jahren meines Dienstes in der Kirche bin ich in Unterricht und Predigt oft mit diesen alten Texten umgegangen. Nun versuche ich, als inzwischen alt gewordener Großvater, zusammenzufassen, was ich als Inhalt dieser Formulierungen meinen Enkeln und der nachwachsenden Generation weitergeben möchte, durchaus mit zum Teil persönlicher biographischer Färbung. Ich bin bis heute der Überzeugung: Nur was man sich einmal eingeprägt hat, kann man im Ernstfall abrufen. Und auch Sätze, die man beim Einprägen nicht oder nicht ganz verstanden hat, können später einmal dem, der damit umgeht, ihren Sinn erschließen. Dabei erinnere ich mich an meine Kindheit und Jugendzeit: Wenn unsere Mutter mit uns Kindern in ein Geschäft ging, um ein Kleidungsstück für uns zu kaufen, einen Mantel, eine Jacke oder sonst etwas, dann konnte sie nach der Anprobe sagen: Wir nehmen es eine Nummer größer, damit ihr hineinwachsen könnt. In diesem Sinn gebe ich die vorliegende Erklärung an meine Enkel weiter, „damit sie hineinwachsen können" in das Bekenntnis, dessen einzelne Formulierungen im Augenblick für ihr Verständnis vielleicht noch zu groß sind.

Der Apostel Paulus schrieb einmal an seinen Schüler Timotheus: „Du aber bleibe bei dem, was du gelernt hast und was dir anvertraut ist" (2. Timotheus 3,14). Und ich füge dem noch ein Wort von Dietrich Bonhoeffer an: „Weil Gottes Wort in der Geschichte, und das heißt in der Vergangenheit, zu uns gesprochen hat, darum ist die Erinnerung, die Wiederholung des Gelernten täglich nötige Übung." In diesem Sinne gebe ich weiter, was mir selber in langen Lebens- und Dienstjahren Halt und Hilfe war.

Herzlich danke ich meiner Frau, die das Entstehen dieser Credo-Erklärung mit verfolgt und das erste Manuskript gelesen hat. Ihr verdanke ich manchen Hinweis, den ich gerne aufgenommen habe. Ebenso danke ich Prälat i. R. Paul Dieterich für seine Vorschläge zum besseren Verständnis der alten Texte. Frau Renate Kernstock hat in gewohnter Treue und Zuverlässigkeit aus meiner handschriftlichen Vorlage eine lesbare Satzvorlage erstellt. Auch ihr gilt mein herzlicher Dank.

Blaubeuren, im Advent 2010 *Theo Sorg*

Ich glaube ...

Es wird in der deutschen Sprache wohl nur wenige Worte geben, die eine derartige Breite von Bedeutungen haben wie der Begriff „glauben". Ohne Frage ist dieses Wort ein in vielen Farben schillernder Begriff. Je nach dem Zusammenhang, in dem er gebraucht wird, kann er einen positiven oder negativen Sachverhalt zum Ausdruck bringen. Er bezeichnet ein Hoffen oder Befürchten, etwas, das Freude bereitet oder in Angst versetzt. Und zugleich ist „glauben" eines der am meisten gebrauchten Worte unserer Alltagssprache. Wie viele Sätze beginnen wir mit der Floskel: „Ich glaube ..." Es ist ein weiter Spannungsbogen von Bedeutungen, der dem Wort „glauben" zu eigen ist. Nur als kleines Beispiel: „Ich glaube, es wird bald regnen." Damit drücke ich aus: Ich weiß es nicht, aber ich hoffe es doch sehr, denn der Garten muss dringend Feuchtigkeit haben. Und daneben: „Ich glaube, ich bekomme eine Grippe." Damit sage ich: Ich weiß es nicht, aber ich hoffe doch nicht, denn in drei Tagen beginnt mein Urlaub. Glauben – das wäre demnach ein Nicht-genau-Wissen, ein Hoffen, Vermuten, Befürchten. Auf jeden Fall ist es eine Rechnung mit einer Unbekannten, auf die wir uns mit dem Gebrauch des Wortes „glauben" einlassen.

Wenn wir nun etwas tiefer graben und nach dem wirklichen Bedeutungsgehalt des Wortes fragen, dann stoßen wir darauf, dass der Begriff „glauben“ es immer mit dem Grund menschlichen Seins zu tun hat, mit dem Halt, den jeder Mensch für sein Leben braucht. Glauben – das ist ein Festmachen an einer Größe, die über das eigene Leben hinausreicht. Glaube ist Vergewisserung. Darum gehört der Glaube zum Elementaren unseres Menschseins, zu seinen „Essentials“, wie man heute sagt. Glaube ist das, was den Menschen erst im Vollsinn Mensch sein lässt, was ihn aus der übrigen Kreatur heraushebt. Ein Tier folgt seinem Instinkt; einen Menschen ohne Glauben aber gibt es nicht.

Damit ist jetzt noch nichts über Inhalt und Gegenstand des Glaubens gesagt. Jeder Mensch glaubt an irgendetwas oder an irgendwen. An eine Person, eine Sache, eine Haltung, ein Ziel – oder an sich selbst und sein eigenes Leistungsvermögen. Aus Sportberichten kennen wir den Satz: „Die Fußballmannschaft glaubt wieder an sich selber, seit sie einen neuen Trainer hat.“ Oder, wenn ich zurückdenke an meine Jugendzeit: Damals marschierten wir als Hitlerjungen durch die Straßen meiner Heimatstadt und sangen:

> Nichts kann uns rauben
> Liebe und Glauben
> zu unserem Land.
> Es zu erhalten
> und zu gestalten
> sind wir gesandt.

Noch ein weiteres Beispiel: Friedrich Schillers „Worte des Glaubens“:

> Und ein Gott ist, ein heiliger Wille lebt,
> wie auch der menschliche wanke,
> hoch über der Zeit und dem Raume webt
> lebendig der höchste Gedanke,
> und ob alles in ewigem Wechsel kreist,
> es beharret im Wechsel ein ruhiger Geist.

An wen oder an was kann man nicht alles glauben? An materielle Werte, an eine politische Ideologie, an einen „Führer“ oder ein anderes menschliches Vorbild, an die klassenlose Gesellschaft Marx'scher Prägung, an Menschen und Idole, an Stars oder Mannschaften, an die Macht oder die Machbarkeit aller Dinge, an den technischen, medizinischen, wissenschaftlichen Fortschritt, an einen Menschen ohne Krankheit und Leiden. Auch an eine religiöse Überzeugung kann man glauben, das erkennen wir in unserer heutigen multireligiösen Gesellschaft deutlicher als in früheren Zeiten. Es mag jetzt vielleicht einseitig oder überspitzt klingen, wenn ich behaupte: Es gibt im Grunde keinen ungläubigen Menschen. Denn jeder und jede glaubt an irgendetwas. Wer an nichts glaubt, hat sein Menschsein aufgegeben und ist auf die Stufe kreatürlichen Seins und Verhaltens herabgesunken.

In dieser fast nicht mehr zu überblickenden Gemengelage von Glaubensformen und Glaubensinhalten findet sich der christliche Glaube vor. Er besitzt in unserer heutigen Gesellschaft keine Monopolstellung mehr. Er muss sich behaupten und bewähren in einem Gewirr unzähliger Glaubensweisen. Da betet neben uns der gläubige Moslem. Da meditiert ein Buddhist in tiefer Versenkung. Und ein Esoteriker sucht irgendwo nach dem Grund seines Seins. Zwischen diesen tief unterschiedlichen „Glaubenden" stehen wir als Christen. Angesichts der immer undurchschaubarer werdenden Vielzahl von Glaubensinhalten sind wir als Christen heute ganz neu herausgefordert, uns selber und anderen Rechenschaft zu geben über unseren Glauben, ihn zu verantworten vor neuen Fragestellungen und Zweifeln, die man in früheren Zeiten so nicht kannte oder die zumindest nicht öffentlich wurden. Die Frage ist, was es heute mit dem Glauben der Christen auf sich hat.

Wenn Christen sich über den Glauben orientieren wollen, schlagen sie die Bibel auf. Wenn sie dann in einer Konkordanz, also einem Verzeichnis aller wichtigen Bibelworte das Stichwort „glauben" aufblättern, entdecken sie, dass dieses Wort lange Spalten mit Hinweisen auf das Vorkommen dieses einen Wortes füllt. Die Bibel ist *das* Buch vom Glauben. Unzählige Geschichten der Bibel erzählen im Alten wie im Neuen

Testament von Menschen, die an Gott und an Jesus Christus glauben. Dabei können wir schon bei flüchtiger Betrachtung erkennen, dass sich der Glaube in der Bibel nicht auf einen Gegenstand, nicht auf eine Sache, auch nicht auf eine Idee richtet, sondern sich an einer Person festmacht. Biblischer Glaube orientiert sich nicht an einem Es, sondern an einem Du. Er ist nicht zuerst das Festhalten an bestimmten Sätzen, sondern das Sich-Festmachen an einer Person. Glaube ist also nicht in erster Linie Lehre, sondern Leben, Begegnung. Es geht in der Bibel immer um den Glauben an den lebendigen Gott, um den Glauben an Jesus Christus, in dem Gott sich uns Menschen gezeigt, offenbart hat. Er, Jesus Christus, ist Grund, Inhalt und Ziel biblischen Glaubens, er allein. Von diesem Jesus und vom Glauben an ihn berichtet die Bibel in immer neuen Variationen. Damit stehen wir Heutigen vor einem Problem: Damals, in der unmittelbaren Begegnung mit diesem Jesus von Nazareth, entstand Glaube. Aber heute? Nach diesem unüberbrückbar weiten zeitlichen Abstand? Wie ist da Glaube möglich?

„Wenn ich doch glauben könnte!" Unzählige Menschen kennen diesen Seufzer, wenn sie die alten Geschichten aus der Bibel hören oder lesen. Die Geschichten von Menschen, die zum Glauben an Jesus fanden. „Ich möchte so gerne glauben wie sie, aber ich kann es nicht! Es klappt einfach nicht! Wie viele Anläufe habe ich schon genommen – aber ich schaffe es nicht!"

Sollen *wir* es überhaupt „schaffen?“ Nein, das sollen wir nicht! Denn wenn wir das könnten, dann wäre der Glaube eine Fertigkeit, wie es viele andere gibt. Eine Fähigkeit, die in unserer menschlichen Verfügung steht, die wir erlernen, uns angewöhnen und einüben können. Man kann den Glauben aber nicht lernen wie das Einmaleins, das Klavierspielen oder das Schwimmen. Beim Glauben geht es anders zu.

Schauen wir in die Bibel hinein! Dort lesen wir, wie Jesus zu einem römischen Offizier in Kapernaum sagt, als dieser in höchster Krankheitsnot sein Vertrauen ganz auf Jesus und sein Wort setzt: „Solchen Glauben habe ich in Israel bei keinem gefunden“ (Matthäus 8,10). Mit diesem Satz hat Jesus eine ganze Reihe von Missverständnissen über den Glauben abgewiesen, die es damals in Israel gab und die wir in der heutigen Christenheit westlicher Prägung ebenso häufig finden: den Traditionsglauben, den Vernunftglauben, den Leistungsglauben. Mit dem Glauben, den Jesus meint, verhält es sich anders. Er ist nichts, was der Mensch aus sich selbst hervorbringen könnte. Nichts, das man von seinen Eltern vererbt bekommt. Nichts, das man durch Grübeln und Forschen, durch Eifer und Einsatz erringen und sich aneignen kann. Es ist zuerst und zunächst Gottes Werk, wenn ein Mensch zum Glauben findet, wenn er sich voll Vertrauen auf Jesus und sein Wort einlässt. Gewiss können wir Menschen uns gegen diesen Glauben wehren und den Anruf Jesu überhören. Gewiss können wir dem Evangelium, der „guten Nachricht“, die

Jesus uns schickt, unser „Annahme verweigert“ entgegensetzen. Aber wir können sie auch annehmen, so wie es jener Hauptmann dort in Kapernaum damals getan hat und viele, viele nach ihm:

> Ich danke dir, du wahre Sonne,
> dass mir dein Glanz hat Licht gebracht;
> ich danke dir, du Himmelswonne,
> dass du mich froh und frei gemacht.
>
> *Johann Scheffler (1657)*

Gott wirkt im Menschen den Glauben, aber der Mensch ist dabei, er ist an diesem Prozess beteiligt von Anfang bis Ende (Hebräer 12,2a).

Glaube ist eine Gabe Gottes, aber das Glauben vollzieht sich nicht ohne uns, ohne unser Ja, nicht ohne unseren Willen und unser Wissen.

Noch eine weitere Beobachtung machen wir, wenn wir in die Bibel hineinsehen: sie definiert den Glauben nicht, aber sie demonstriert ihn. Selbst beim einzigen Versuch einer Definition des Glaubens, die wir im Neuen Testament finden (Hebräer 11,1), folgt auf die Definition sofort ein ganzes Kapitel mit vierzig Versen voller Beispielgestalten des Glaubens, durch das ganze Alte Testament hindurch, von Abraham, Henoch und Noah bis zu den Propheten und Märtyrern an der Schwelle zum Neuen Testament, ein langes Kapitel, das die „Wolke der Zeugen“ (Hebräer 12,1) enthält. Die Wendung „durch den Glauben“ zieht sich wie ein roter Faden durch das elfte Kapitel des Hebräerbriefes; vierundzwanzig Mal erscheint dort diese

Formel. Nicht ohne Grund nennt man deshalb das Kapitel Hebräer 11 das „Hohelied des Glaubens". Nicht so sehr durch Worte, viel mehr durch Bilder, Beispiele und an Gestalten zeigt die Bibel, was Glaube ist. Schauen wir uns jetzt einmal eine solche Gestalt aus dem Alten Testament an!

Abrahams Glaube

Am eindrücklichsten begegnet uns im Alten Testament das Geschehen des Glaubens in der Gestalt des Erzvaters Abraham. Am Anfang seines Glaubensweges steht der Ruf Gottes, der ihn zum Aufbruch aus seinem gewohnten Lebenskreis führt: „Und der Herr sprach zu Abram: Geh aus deinem Vaterland und von deiner Verwandtschaft und aus deines Vaters Hause in ein Land, das ich dir zeigen will ... Da zog Abram aus, wie der Herr zu ihm gesagt hatte" (1. Mose 12,1–4). Das Hören auf diesen Ruf, das Antworten im Gehorsam, das immer den ganzen Menschen und all sein Tun umfasst, nennt die Bibel „Glaube". Glaube ist die Antwort des Menschen auf die Anrede Gottes, die an ihn ergeht. Wer glaubt, vertraut sich dem Gott an, dessen Wort er oder sie vernommen hat. So ist glauben nicht nur eine Bewegung der Gedanken, eine Sache des Intellekts, sondern eine Beziehung persönlichen Vertrauens. Das zeigt auch das hebräische Wort für „glauben". Es bedeutet: ergreifen, festhalten, sich festmachen. Es hat (wie übrigens auch der entsprechende griechische Begriff im Neuen Testament) den gleichen Wortlaut wie die Begriffe Treue und Verlässlichkeit. Abraham macht sich fest an der Treue Gottes. Dieses Vertrauen auf Gott hält er durch, auch in den tiefsten Anfechtungen, die ihm begegnen, in Not und Angst, bis hin zu der schwersten Probe, die Gott ihm zumutet, zur Opferung seines einzigen Sohnes (1. Mose 22). Dieses Festhalten an Gott und an seiner Zusage gegen allen Augenschein rechnet ihm Gott als Gerechtigkeit an: „Abram glaubte dem Herrn, und das rechnete er ihm zur Gerechtigkeit" (1. Mose 15,6). Das Neue Testament nimmt diesen Gedanken auf, wenn Paulus schreibt: Abraham „zweifelte nicht an der Verheißung Gottes durch Unglauben, sondern wurde stark im Glauben und gab Gott die Ehre und wusste aufs allergewisseste: was Gott verheißt, das kann er auch tun" (Römer 4,20.21). So ist es nur folgerichtig, wenn Paulus im gleichen Kapitel Abraham als den „Vater ... aller, die glauben" (Römer 4,11.16) bezeichnet. Helmut Lamparter beschreibt den Glauben Abrahams mit folgenden Worten: „Glauben heißt also in einer bestimmten, vielleicht sehr hoffnungslosen Lage aufgrund einer festen Zusage des Herrn mit seiner Allmacht und Treue rechnen. Der Glaubende lässt Gott Gott sein, und weil dies der Glaube, und nur der Glaubende tut, darum kommt ihm im Verhältnis zwischen Gott und Mensch in der Bibel schlechthin zentrale Bedeutung zu."

Im Neuen Testament ist die Bedeutung des Stichworts „glauben“ nicht geringer als im Alten. Im Gegenteil! Wie eine leuchtende Spur zieht sich das Wort „Glaube“ durch die Schriften des Neuen Bundes. Nicht nur durch sein zahlenmäßig häufiges Vorkommen, sondern – vor allem bei Paulus – durch sein theologisches Gewicht wird „Glaube“ zu einem Zentralbegriff neutestamentlicher Verkündigung und Theologie. Zwar bleibt der Vorgang des Glaubens derselbe wie im Alten Testament, aber nach dem Christusgeschehen am Kreuz und am Ostermorgen richtet sich der Glaube auf Jesus Christus, den Gekreuzigten und Auferstandenen. Ja, die Schriften des Neuen Testaments verstehen sich von Ostern her insgesamt als eine Einladung zum Glauben an den lebendigen und gegenwärtigen Christus: „Diese aber sind geschrieben, damit ihr glaubt, dass Jesus der Christus ist, der Sohn Gottes, und damit ihr durch den Glauben das Leben habt in seinem Namen“ (Johannes 20,31). Paulus formuliert das Zentrum seines apostolischen Auftrags am Anfang seines Briefes an die Gemeinde in Rom mit ähnlichen Worten: „Durch ihn (den Sohn Gottes) haben wir empfangen Gnade und Apostelamt, in seinem Namen den Gehorsam des Glaubens aufzurichten unter allen Heiden“ (Römer 1,5). Glaube, wie ihn das Neue Testament beschreibt, ist demnach eindeutig und einseitig Christusglaube, ist das feste Vertrauen auf Jesus Christus, ist enge Lebensverbindung mit ihm.

Es ist eine vielstimmige Sinfonie des Glaubens, die in den einzelnen Schriften des Neuen Testaments anklingt. Wenn ich jetzt versuche, das breite biblische Zeugnis über den Glauben ein wenig zu ordnen und zu systematisieren, dann können nur einige wenige Grundakkorde dieser Sinfonie hörbar werden.

1. Der Glaube der Christen hat einen festen Grund.

Der christliche Glaube beruht nicht auf „ausgeklügelten Fabeln", sondern auf dem, was die ersten Zeugen „selber gesehen" haben (2. Petrus 1,16) und was sie nun als Boten Jesu Christi weitergeben: „Was von Anfang an war, was wir gehört haben, was wir gesehen haben mit unseren Augen, was wir betrachtet haben und unsre Hände betastet haben vom Wort des Lebens…, das verkündigen wir auch euch, damit auch ihr mit uns Gemeinschaft habt…" (1. Johannes 1,1–4). Diese Sätze bilden, wie es am Anfang des Lukasevangeliums fast gleichlautend heißt, den „sicheren Grund der Lehre" (Lukas 1,1–4). Jesus Christus, sein Leben und Wirken, sein Helfen und Heilen, sein Verkündigen und Vergeben, sein Tod am Kreuz und seine Auferstehung – das und nichts anderes ist der Glaubensgrund der Christen, so wie ihn auch Paulus in 1. Korinther 15,3–5 beschreibt, in einer Bekenntnisformel der frühen Christengemeinde, die älter ist als die ältesten Schriften des Neuen Testaments. Hier stehen wir auf biblischem „Urgestein".

So wie die Höhen des Schwarzwaldes sich aufbauen auf dem harten geologischen Urgestein von Granit und Gneis, so steht unser christlicher Glaube auf dem festen theologischen Urgestein von Kreuz und Auferstehung Jesu. Weder eine innere Stimme, die aus der Tiefe unseres menschlichen Nachdenkens aufsteigt, noch äußere Erfahrungen, die wir gemacht haben, tragen unseren Glauben. Sie können wichtige Bestandteile sein im Vollzug unseres Glaubenslebens. Aber sein Grund sind sie nicht. Nur das „verbum externum", das „äußere Wort", das Wort der Verkündigung der „großen Taten Gottes" (Apostelgeschichte 2,11) kann unsern Glauben begründen und tragen. Das war und ist zugleich eine der reformatorischen Grunderkenntnisse Martin Luthers: Unser Glaube steht auf dem „solus Christus, Christus allein". Nach Luther hat der Liederdichter Paul Gerhardt dieselbe Erkenntnis in die Worte gefasst:

> Der Grund, da ich mich gründe,
> ist Christus und sein Blut;
> das machet, dass ich finde
> das ewge, wahre Gut.
> An mir und meinem Leben
> ist nichts auf dieser Erd;
> was Christus mir gegeben,
> das ist der Liebe wert.

Es ist deshalb folgerichtig, wenn Paulus im Anschluss an das alte Bekenntnis der Urchristenheit (1. Korinther 15,3–5) formuliert: „Ist aber Christus nicht auferstanden, so ist euer Glaube nichtig; so seid ihr noch in euren Sünden" (1. Korinther 15,17). „Mit dem Bekenntnis zur Auferstehung steht und fällt der gesamte christliche Glaube. An Ostern geht es ums Ganze unseres christlichen Glaubens, ums Ganze unserer menschlichen Hoffnung, ums Ganze der Frage nach dem Sinn und nach dem Ziel unseres menschlichen Lebens" – so schreibt der frühere katholische Bischof der Diözese Rottenburg-Stuttgart und jetzige römische Kurienkardinal Walter Kasper.

2. Der Glaube der Christen entsteht aus der Begegnung mit dem lebendigen Christus.

Ralf Luther, gestorben 1931, Theologe im Baltikum, sagt in seinem „Neutestamentlichen Wörterbuch" zum Stichwort „Glaube": „Es geht den Aposteln nicht darum, dass ihre Hörer festhalten an einer Lehre, sondern darum, dass sie Anschluss finden an eine Person." Am Anfang eines jeden Glaubensweges steht eine Begegnung, eine Anrede, ein Ruf. Wie der Erzvater Abraham im Alten Testament, so wurden auch die Jünger Jesu und die Apostel durch einen persönlichen Anruf zu Glaubenden. Das zeigen die Erzählungen von der Jüngerberufung am See Genezareth (Markus 1,14–20) ebenso wie der Bericht über das, was Saulus vor Damaskus erlebt hat (Apostelgeschichte 9,1–19). An unserer Reaktion auf diese Begegnung, am Hören und Gehorchen hängt unser Glaube. Darum kann Paulus sagen: „Der Glaube kommt aus dem Hören" (Römer 10,17), was Luther etwas frei, aber treffend übersetzt hat: „So kommt der Glaube aus der Predigt, das Predigen aber durch das Wort Christi."

Als Glauben bezeichnen die Autoren des Neuen Testaments das vertrauensvolle Ja des Menschen zu Gottes Anrede und Zuwendung in Jesus Christus und in seinem Wort. So meint es auch Jesus, als er predigend und heilend durch das galiläische Land zieht: „Die Zeit ist erfüllt und das Reich Gottes ist herbeigekommen. Tut Buße und glaubt an das Evangelium" (Markus 1,14.15). Das will sagen: „Verlasst euren bisherigen Weg, den Weg des natürlichen Menschen, und kehrt um." Auch für Paulus ist Glaube das Annehmen der Botschaft von Jesus Christus und von dem, was er zu unserem Heil getan hat (Römer 10,10–17). Durch die Begegnung mit Jesus Christus und mit dem Wort seiner Zeugen entsteht Glaube.

3. Der Glaube der Christen ist mehr als ein bloßes Fürwahrhalten von Sätzen.

Das wird schon von der Bedeutung des Wortes „glauben" her deutlich. Das deutsche Wort „glauben" hängt eng mit dem Wort „geloben" zusammen. Es hat mit ihm genau dieselben Konsonanten: glauben – geloben. Ein Austausch der Vokale führt von einem Wort zum anderen. Wer einem Menschen glaubt, wer ihm vertraut, kann sich ihm angeloben, so wie das am Beginn einer Ehe geschieht: Ein Mensch gelobt sich dem anderen an zur engstmöglichen Lebensgemeinschaft. Von diesem „Gelöbnis" an gehört man nicht nur durch Liebe und Zuneigung, sondern auch nach Recht und Gesetz zusammen.

Diese enge Gemeinschaft, dieses Einander-angelobt-Sein, ist das Angebot Jesu Christi an eine Menschheit, die „verloren“ ist, wenn sie weiter auf ihrem natürlichen Weg bleibt, der sie von Gott wegführt. Aus dieser verkehrten Lebensrichtung können wir nur herausfinden, wenn wir uns dem angeloben, der uns erlösen kann. So liegt die Rettung einer dem Zwang der Sünde unterworfenen Menschheit im Glauben an den, der uns erlösen, der uns erretten kann: „Glaube an den Herrn Jesus, so wirst du und dein Haus selig!“, also herausgelöst aus dem alten sündigen Wesen, mit einem Wort: gerettet (Apostelgeschichte 16,31). Und nun könnte man eine Geschichte aus dem Neuen Testament nach der anderen erzählen, in der Jesus davon spricht, dass der Glaube an ihn, das Vertrauen auf ihn, herauslösen, helfen, erretten kann:

> Der Hauptmann von Kapernaum (Matthäus 8,5–13):
> „Geh hin, dir geschehe, wie du geglaubt hast.“
>
> Der Vater des besessenen Knaben (Markus 9,14–29):
> „Alle Dinge sind möglich dem, der da glaubt.“
>
> Die kranke Frau (Matthäus 9,18–26):
> „Sei getrost ..., dein Glaube hat dir geholfen.“
>
> Der Blinde bei Jericho (Lukas 18,35–43):
> „Sei sehend! Dein Glaube hat dir geholfen.“

Dieses glaubende Vertrauen, dieses „Sich-Angeloben“ richtet sich auch an solche Bereiche, die uns zweifeln lassen, weil sie unserem menschlichen Erkennen jetzt noch verborgen sind. Denn „der Glaube ist ein Weg, der den Zweifel einschließt“ (Wolfgang Huber). Und so wächst durch das „Nichtzweifeln an dem, was man nicht sieht“, die „feste Zuversicht“ (Hebräer 11,1), die Hoffnung, und bildet mit der Trias von Glaube, Hoffnung und Liebe den Grund dessen, was allein bestehen bleibt (1. Korinther 13,13).

4. Der Glaube der Christen führt zum Bekenntnis.

Das Bekenntnis zu Jesus Christus ist die dankbare Antwort des Menschen auf das, was er für uns getan hat und was er für uns ist: „Du hast Worte des ewigen Lebens; und wir haben geglaubt und erkannt: Du bist der Heilige Gottes“ (Johannes 6,68.69). Jeder, der im Neuen Testament durch die Begegnung mit Jesus zum Glauben kommt, drückt das mit einem Wort des Bekennens zu seinem neuen Herrn aus. Echter Glaube kann nicht schweigen. Er muss Kunde geben von dem, was Jesus ist und was er tut. Der zum Glauben an den auferstandenen Christus überwundene Zweifler Thomas antwortet auf die Begegnung mit ihm: „Mein Herr und mein Gott!“ (Johannes 20,28). Der geheilte Gelähmte löst den dabeistehenden Zuschauern die Zunge: „Als das Volk das sah, fürchtete es sich und pries Gott“ (Matthäus 9,8). Der Blinde am Weg bei Jericho: „Und sogleich wurde er sehend und folgte ihm nach und pries Gott. Und alles Volk, das es sah, lobte Gott“ (Lukas 18,43). Petrus und Johannes, die sich nach dem Geschehen am Pfingsttag vor dem Hohen Rat zu verantworten hatten, fürchten sich nicht vor dem drohenden Urteil, sondern sie bekennen: „Wir können’s ja nicht lassen, von dem zu reden, was wir gesehen und gehört haben" (Apostelgeschichte 4,20).

In diesen Zusammenhang gehören auch die formulierten Bekenntnisse, die – schon in vor-neutestamentlicher Zeit – den Weg der Kirche begleitet haben und bis heute begleiten. Mit den eingliedrigen Bekenntnissen zu Jesus als dem Herrn fing es an: „Herr ist Jesus!" (1. Korinther 12,3; Römer 10,9; Philipper 2,11). Die Reihe setzt sich fort durch die Erweiterung zum zweigliedrigen Bekenntnis (1. Korinther 8,6) und geht weiter bis zu den dreigliedrigen Bekenntnissen, die uns, wie die vorhergehenden, schon im Neuen Testament begegnen und die uns bis heute bekannt und geläufig sind (Matthäus 28,19; 2. Korinther 13,13). Der Wurzelboden der Bekenntnisbildung ist die Gemeinde, ihr Lebensort der Gottesdienst und die Feier der Sakramente.

Im Laufe der Jahrhunderte haben dann die großen Konzile der frühen Kirche weitere Bekenntnisse formuliert: das Nicänum (325) und seine Erweiterung im Nicäno-Konstantinopolitanum (381). Das Apostolische Glaubensbekenntnis, das zurückgeht auf das Taufbekenntnis der stadtrömischen Gemeinde im 2. Jahrhundert und das dann später von den Franken als ihr Bekenntnis übernommen wurde, hat Martin Luther als treffende Zusammenfassung der apostolischen Predigt verstanden. Er hat es 1529 in seinen Katechismus aufgenommen und ihm so einen tiefgehenden Einfluss auf die lutherische Kirche eröffnet, wo es bis heute in Gottesdiensten und bei Sakramentsfeiern gesprochen und im Konfirmandenunterricht gelernt wird.

In der Zeit der Reformation sind dann weitere Formulierungen entstanden, die zu den alten Bekenntnissen hinzutraten, Lehrformulierungen, die ergänzend oder erläuternd neben den alten Bekenntnissen stehen: so die Confessio Augustana, das Augsburger Bekenntnis von 1530, die Confessio Virtembergica, das württembergische Bekenntnis von Johannes Brenz für das Konzil von Trient (1552) mit seinem bemerkenswerten Artikel über die Heilige Schrift, und – für die reformiert geprägten Protestanten – der Heidelberger Katechismus von 1563, nicht zu vergessen die beiden Katechismen Martin Luthers (1529), der Große Katechismus für die Pfarrer und Prediger, der Kleine für die Hausväter. Bis in die jüngste Zeit hat die Kirche bei aktuellen Anlässen neue bekenntnisartige Formulierungen geschaffen, so etwa die „Theologische Erklärung der Bekenntnissynode von Barmen" 1934 zur Abwehr der von den nationalsozialistischen „Deutschen Christen" vertretenen Irrlehren oder die „Stuttgarter Schulderklärung" 1945 nach dem Ende des Zweiten Weltkriegs.

Die Bekenntnisse der Reformationszeit und der folgenden Jahrhunderte sind keine auf Vollständigkeit bedachten Bekenntnis- oder Lehrschriften. Sie sind aus aktuellem Anlass entstanden. Auch wollten und wollen sie nicht „das Glaubensbekenntnis, das Apostolische oder eines der anderen altkirchlichen ersetzen, sondern sie legen es aus. Sie legen es von seiner Mitte her aus, von dem Ursprung her, von dem der Glaube des Menschen seinen Ausgang nimmt und auf den er immer wieder zurückkommt“ (Gerhard Hennig).

Bei einem Blick auf den Prozess der Bekenntnisbildung in der Geschichte der Kirche von ihrem Ursprung bis heute ist unschwer zu erkennen, dass diese bekenntnishaften Formulierungen einen dreifachen Charakter haben. Sie zeigen:

1. einen konfessorischen, bekennenden, anerkennenden Charakter, das Bekenntnis zu Jesus Christus als dem Kyrios, dem Herrn aller Herren,
2. einen apologetischen, abgrenzenden Charakter zur Abwehr von Verfälschungen oder Verkürzungen der Lehrinhalte oder von offenkundigen Irrlehren. Und
3. haben sie einen doxologischen, lobpreisenden Sinn, den Charakter des Gotteslobes und der Anbetung.

Wenn der einzelne Christ oder die Gottesdienst feiernde Gemeinde den Text eines dieser alten Bekenntnisse spricht, reihen sie sich ein in die weltweite Christenheit, die sich zu Jesus Christus als ihrem Herrn und Haupt bekennt und die in der Kraft des Heiligen Geistes in der Gegenwart Zeugnis und Dienst wahrnimmt, bis Christus wiederkommt. „Die Formeln des Apostolischen Glaubensbekenntnisses sprechen zusammenfassend den tragenden Grund des Glaubens aus, der auch seinen zentralen Inhalt bildet. Sie tun das in der Sprache ihrer Zeit, die nicht mehr in jeder Hinsicht unsere Sprache sein kann. Darum genügt es nicht, das apostolische Bekenntnis zu rezitieren, sondern man muss sich fragend, nachdenkend, prüfend in seine Aussagen vertiefen. Das heute so verbreitete Unverständnis für die Bekenntnisformulierungen aber ruft nicht nach ihrer Abschaffung, sondern nach ihrer Erklärung" (Wolfhart Pannenberg).

5. Der Glaube der Christen drängt zur Tat.

Der Glaube will im Lebensvollzug der Christen verwirklicht und bewährt werden. So tritt zum Glauben und zur Hoffnung die Liebe. Denn der Glaube setzt Menschen in Bewegung. Er wirkt durch Zeugnis und Dienst und erfüllt so das Wort Jesu aus der Bergpredigt: „Es werden nicht alle, die zu mir sagen: Herr, Herr!, in das Himmelreich kommen, sondern die den Willen tun meines Vaters im Himmel" (Matthäus 7,21). Darum fordert Paulus die Glaubenden immer wieder auf zu einem Leben, das dem Glauben entspricht: „Wenn wir im Geist leben, so lasst uns auch im Geist wandeln" (Galater 5,25). Oder, wie die „Gute-Nachricht-Bibel" übersetzt: „Wenn wir nun durch Gottes Geist ein neues Leben haben, dann wollen wir auch aus diesem Geist unser Leben führen." Weil der Glaube der Christen ihr ganzes Leben umfasst und auf eine neue Grundlage stellt, soll auch das ganze Leben der Christen sich im Dienst an anderen Menschen bewähren. Bei einem Blick in die Geschichte unserer Kirche lässt sich leicht erkennen, dass in Zeiten geistlicher Lebendigkeit und Erweckung, als viele Menschen zum Glauben an Christus fanden, auch viele neue Anstöße im Bereich der Mission und der Diakonie entstanden sind: Missionsgesellschaften, Heime und Anstalten für Alte und Kranke, Waisen und Behinderte. Der Glaube will gelebt und bewährt werden „mit Herzen, Mund und Händen".

Es ist deutlich geworden: Glaube, wie die Bibel ihn versteht und beschreibt, ist kein rein gedanklicher Akt. Er besteht in einer personalen Beziehung. Man könnte auch sagen: Er ist eine Lebensbewegung. Damit aber unterliegt er auch den Gefahren, die unser menschliches Leben bestimmen. Weil der Glaube, wenn es recht um ihn bestellt ist, sich als eine lebensvolle Bewegung darstellt, ist er auch abhängig von Strömungen und Störungen, die das menschliche Leben bewegen, beeinflussen, fördern oder behindern. Darum gibt es Zeiten, in denen der Glaube sich als groß und stark erweist, und andere, wo er sich nur klein und schwach äußert. Er kann sich in unangefochtener Gewissheit darstellen (Römer 8,31–39), dann wieder von Zweifeln und Anfechtungen überlagert sein (Johannes 20,24–29). Auch der Glaube der Jesusjünger war manchmal nur ein „kleiner Glaube", und Jesus konnte seine Gefährten dann „kleingläubig" nennen, wenn sie – wie beim Sturm auf dem See Genezareth – die Angst vor den hohen Wellen überfiel (Matthäus 8,23–27). Welcher Christenmensch kennt nicht Zeiten, in denen Tiefdruckgebiete der unterschiedlichsten Art sich über seinen Glauben legen, ihn niederdrücken und lähmen. Aber dennoch gilt: Auch ein kleiner oder angefochtener Glaube ist Glaube! Auch wenn er so klein wäre wie ein Senfkorn, enthält er schon im Kleinen den ganzen Glauben (Matthäus 17,20).

So kann es auch geschehen, dass man – auch als Christ! – zu bestimmten Aussagen des Glaubensbekenntnisses schwerer Zugang findet als zu anderen, weil sie einem unzugänglich oder verschlossen scheinen: Jungfrauengeburt, Auferstehung, Höllenfahrt, Himmelfahrt, Wiederkunft, Weltgericht. Deshalb ist es für den Glauben lebenswichtig, dass er regelmäßig die notwendige „Nahrung" zugeführt bekommt und in der richtigen Umgebung aufwachsen und sich entfalten kann. Es gibt nun einmal kein Wachsen im Glauben und kein Weiterkommen in der Erkenntnis ohne „Nahrungszufuhr" aus Gottes Wort, und es gibt kein Bleiben im Glauben, ohne dass der oder die Glaubende eingebettet ist in eine tragende Gemeinschaft. Glaube ohne Nahrung verkümmert und stirbt ab, und Glaube im Alleingang macht absonderlich und kann in die Separation führen. Glaube wird sich aber dort entfalten, wo er geborgen ist in der Gemeinde der Glaubenden, wo er im Hören auf Gottes Wort, im betenden Reden mit Gott und am Tisch des Herrn bewahrt und gestärkt wird. Und wenn ein Mensch Not hat mit seinem Glauben, wenn er müde wird im Glauben und zweifelt an einzelnen Aussagen des Glaubensbekenntnisses, dann werden andere Glaubende für ihn eintreten und ihn in seinen Zweifeln und Anfechtungen stützen und stärken.

Es gibt im Glaubensleben auf dieser Erde keine Vollkommenheit. An diesem Punkt bleiben wir lebenslang Lernende, eben Jünger und Jüngerinnen, also Schüler im Glauben, Schüler und Schülerinnen in der Glaubens- und Lebensschule des Meisters Jesus Christus. Wir bleiben in dieser Welt und Zeit unterwegs mit dem unbekannten Schreiber des Hebräerbriefes: „Darum auch wir: Weil wir eine solche Wolke von Zeugen um uns haben …, lasst uns laufen mit Geduld in dem Kampf, der uns bestimmt ist, und aufsehen zu Jesus, dem Anfänger und Vollender des Glaubens“ (Hebräer 12,1.2).

Ich glaube an Gott, den Vater, den Allmächtigen ...

Ich bin aufgewachsen in der württembergischen Kleinstadt Marbach am Neckar. Dort ist im Jahr 1759 Friedrich Schiller geboren. Von daher ist es nicht verwunderlich, dass wir in der Schule und auch sonst immer wieder dieser großen Gestalt begegnet sind. Vor allem haben wir viele Gedichte unseres Dichterfürsten auswendig gelernt. Noch heute klingt es mir in den Ohren, wie wir als Schulklasse Schillers „Lied an die Freude" im Chor aufgesagt haben, mit der ganzen Lautstärke unseres jugendlichen Eifers: „Freude, schöner Götterfunken, Tochter aus Elysium ...". Vor allem der Chorschluss hatte es uns angetan:

> Seid umschlungen, Millionen!
> Diesen Kuss der ganzen Welt!
> Brüder – überm Sternenzelt
> muss ein lieber Vater wohnen.

Ein lieber Vater? Überm Sternenzelt? – so fragten wir dann. Nein, unsere Väter waren im Krieg, an einer der Fronten im Osten oder im Westen. Und manche von uns hatten schon keinen Vater mehr. Er war im Krieg gefallen.

Bald darauf begann für uns der Konfirmandenunterricht, mitten in der Kriegszeit. Dort lernten wir das alte Glaubensbekenntnis der Christenheit zu sprechen: „Ich glaube an Gott, den Vater, den Allmächtigen …" Wieder: der Vater! Und wieder begannen unter uns die Fragen: Gott – der Vater?

„Ich glaube an Gott" – diesen Satz können Vertreter aller Weltreligionen mitsprechen. Denn überall in der Welt glaubt man an eine höhere Macht. Es gehört zum Wesen jeglicher Religion, dass man an eine Macht glaubt, die größer ist als man selbst, und dass man sich von dieser Macht abhängig weiß. So hat schon Schleiermacher, der große Theologe des 19. Jahrhunderts, Religion als die „schlechthinnige Abhängigkeit von einer höheren Macht" definiert.

Aber: Gott als Vater? Als der Allmächtige? Wie passen diese beiden extremen Größen zusammen? Hier das intime Bild eines Vaters, der uns ganz nahe ist und in dessen Händen wir geborgen sind – dort die Vorstellung eines Allmächtigen, der hoch über allem und über allen schwebt, weit entfernt von uns kleinen Menschen? Und zudem: Wie kann man heute von Gott als einem Vater, und gar noch als einem Allmächtigen reden angesichts der unzähligen bedrängenden Fragen und Rätsel der Weltgeschichte, angesichts der verheerenden Naturkatastrophen, angesichts des namenlosen Leides im Leben so vieler Menschen? Gott – und die Kriege? Gott – und die Hungersnöte? Gott – und der Terrorismus? Wie geht das alles zusammen? Fragen über Fragen!

Wenn wir uns diesen Fragen zuwenden, müssen wir uns zuerst klarmachen, dass die Bibel keine abstrakten Begriffe definiert, sondern erlebte Erfahrungen weitergibt. Das Credo der Kirche zeigt uns ein Bild von Gott, das ganz und gar aus der Bibel geschöpft ist und das bis in alle Einzelheiten von biblischen Erfahrungen gesättigt ist. Mit Glaubenserfahrungen des alten Gottesvolkes Israel und der jungen Christenheit der Anfangsjahre. Das Gottesbild, das uns auf Grund dieser Erfahrungen entgegentritt, ist nicht entstanden aus den Erwartungen des Menschen an eine höhere Macht, die nicht näher zu beschreiben ist. Auch nicht aus religiösen Sehnsüchten, die der Mensch an den Himmel projiziert hat, wie der Philosoph Ludwig Feuerbach (1804–1872) meinte. Dieses Bild der Bibel entstand aus den Begegnungen konkreter Menschen, von Männern und Frauen, mit dem lebendigen Gott und mit Jesus Christus, in dem Gott sich den Menschen gezeigt, sich ihnen offenbart hat. „Die Wirklichkeit des Gottes, auf den der christliche Glaube vertraut, ist nicht zu haben ohne die sogenannten ‚Tatsachen', auf die das apostolische Glaubensbekenntnis verweist und durch die er als dieser Gott identifiziert ist" (Wolfhart Pannenberg). Schon 1654 hat Blaise Pascal, der große Denker, in tiefer innerer Bewegung in seinem „Memorial" geschrieben: „Gott Abrahams, Gott Isaaks, Gott Jakobs – nicht der Philosophen und Gelehrten! Gott Jesu Christi ... Er wird nur auf den Wegen gefunden, die im Evangelium gelehrt sind." In der Tat: Von „Gott" reden alle Religionen der Welt. Von Gott als dem Vater erzählt nur die Bibel.

Gott, der Vater

Wie gesagt: Die Bibel definiert nicht Begriffe, sie erzählt Geschichten. Sie ist, so wie auch das Glaubensbekenntnis, eine verdichtete Sammlung lebendiger Gotteserfahrungen. Sie berichtet von Gott, der den Erzvater Abraham und sein Geschlecht erwählt, berufen und zum Segen für alle Menschen gesetzt hat (1. Mose 12,1–3), von dem Gott, der sein Volk Israel durch die Wüste führte, durch Krisen begleitete und in das versprochene Land brachte. Die Mosebücher unserer Bibel sind gefüllt mit diesen Erfahrungen: Gott, der Vater. Das haben die menschlichen Väter ihren Kindern erzählt, vielleicht am Abend beim Lagerfeuer, und haben so die Tradition des Glaubens an Gott, den Vater, weitergegeben von Generation zu Generation (2. Mose 13,14). Darum kann im Rückblick auf diese Erfahrung der Führung durch den väterlichen Gott Israels der Prophet schreiben: „Du, Herr, bist unser Vater; unser Erlöser, das ist von alters her dein Name" (Jesaja 63,16).

Im Neuen Testament ist es nicht anders. Auch hier ist Gott nicht „ein lieber Vater überm Sternenzelt", sondern der Vater Jesu, der Vater, von dem das Kinderlied Luise von Hayns (1778) singt: „... Der mich lie-

bet, der mich kennt, und bei meinem Namen nennt."
Dieses Vaterbild hat uns Jesus, Gottes Sohn, endgültig und letztgültig erschlossen (Hebräer 1,1–4). Deshalb gilt: Wer Gott in Wahrheit erkennen und erfahren will, muss auf Jesus blicken: „Ich und der Vater sind eins" (Johannes 10,30). Er, und er allein, hat uns den Namen und das Wesen Gottes offenbart: „Wer mich sieht, der sieht den Vater" (Johannes 14,9; 12,45). Nur Jesus öffnet uns den Weg zum himmlischen Vater (Johannes 14,6). Nur durch ihn ist der Gott des Ersten Glaubensartikels zu erkennen. Er hat uns ermöglicht und erlaubt, zu Gott „Vater" zu sagen. Dazu hat er uns als Schlüssel für unser Reden mit Gott das Vaterunser gegeben (Matthäus 6,9; Lukas 11,2). Im wohl bekanntesten seiner Gleichnisse hat Jesus uns Menschen das Bild des Vaters unauslöschlich eingeprägt: im Gleichnis vom barmherzigen Vater (Lukas 15,11–32). Nicht ohne Grund nennt der Schreiber des Hebräerbriefes Jesus „den Abglanz von Gottes Herrlichkeit und das Ebenbild seines Wesens" (Hebräer 1,3) und verwendet für „Ebenbild" in der griechischen Sprache das Wort „charakter", also das Prägebild, den „Abdruck". Jesus ist der von der väterlichen Wirklichkeit Gottes geprägte „Abdruck".

Diesen von Jesus offenbarten Gott, den Vater, dürfen wir im Namen und in der Kraft seines Geistes in allen Lagen und Situationen anrufen: „Abba, lieber Vater!" (Römer 8,15). Der Gott der Bibel ist also nicht hinter einer Geheimnummer verborgen, er ist ansprechbar, er hört zu, er nimmt unsere Anliegen ernst.

Der Gott der Bibel ist ein hörender und ein redender Gott, er ist nicht verborgen „überm Sternenzelt". Gott ist da, er ist erfahrbar nahe, durch seinen Heiligen Geist.

Das gilt auch dann, wenn in der heutigen Zeit viele Menschen Schwierigkeiten haben, den Vaternamen zu gebrauchen und ihn in seiner liebenden Zuwendung zu erkennen. Nicht wenige menschliche Väter zeigen heute – leider – das genaue Gegenteil von dem, was die Bibel unter einem Vater versteht. Sie meint nicht den autoritären, den tyrannischen, den vielbeschäftigten, den gleichgültigen oder den nachgiebigen Vater, sondern den „rechten Vater", von dem alles seinen Namen hat, was sich Vater nennt (Epheser 3,15). Das Vaterbild, das die Bibel zeichnet, leitet sich nicht von unseren menschlichen Vatererfahrungen ab. Das Gegenteil ist der Fall! Erst von dem biblischen Bild des Vaters her können wir erkennen und ermessen, was hier auf dieser Erde Vatersein bedeutet.

Gott, der Allmächtige

In der Tiefe unseres Menschseins lebt seit den Anfängen des Menschengeschlechts die Vorstellung, dass ein Vater Macht besitzt. Nicht, dass er „allmächtig" ist, aber doch mächtiger als andere Größen, die wir kennen. Ein Beispiel: Wenn wir als kleine Jungen Streit hatten mit anderen Jungen unseres Alters, dann flüchteten wir uns am Ende in die Drohung: „Ich sag's meinem Vater!“ Dieser Hinweis zeigte allemal Wirkung. Denn irgendwo schwingt bei uns Menschen ein Stück Urvertrauen mit: Was ich nicht kann, das kann der Vater. Er wird schon zurechtbringen, was durcheinandergeraten ist.

Gott, der Allmächtige – eine Zumutung für unser Denken? Auch diese Aussage des Bekenntnisses wird anschaulich, wenn wir auf das Bild Jesu sehen. Gottes Macht, ja seine Allmacht erkennen wir, wenn wir der Spur dessen nachgehen, was Jesus unter den Menschen getan hat und tut. Seine Worte, seine Taten, seine Wunder sind Leuchtzeichen, Momentaufnahmen aus der neuen Welt Gottes, die mit dem Kommen Jesu auf diese Erde schon skizzenhaft begonnen hat. Es ist, wie wenn für einen Augenblick der Vorhang vor der Zukunft zurückgezogen wird und wir die Umrisse dessen zu Gesicht bekommen, was in Gottes zukünftigem Reich einmal Wirklichkeit werden wird, sichtbar für alle. Jetzt ist es noch verborgen, verhüllt durch das Böse und Gottwidrige, das in dieser Welt herrscht und unter dem wir zu leiden haben. Es ist ja gerade ein Zeichen der Allmacht Gottes, des Vaters, dass er uns Menschen die Freiheit gegeben hat, ja oder nein zu sagen zu seinem Angebot des Heils, es anzunehmen oder auszuschlagen. „Herr, du hast die Welt erschaffen und regierst sie. Deine Herrschaft aber achtet die Freiheit deiner Geschöpfe und gibt ihnen Raum, zu wollen und sich zu entscheiden“, so hat der katholische Theologe Romano Guardini in seinen „Theologischen Gebeten“ formuliert. Das Bild des barmherzigen Vaters (Lukas 15,11–32) zeigt in aller Deutlichkeit, wie Gott, der Vater, dem jüngeren seiner Söhne die Freiheit lässt, selbst gewählte Wege zu gehen, auch wenn der Vater schon weiß, dass diese Wege ins Verderben führen.

Paulus verwendet in seinem Brief an die Römer für diesen Vorgang, der jeden „Zwang von oben" ausschließt, das Wort „dahingegeben": „Darum hat Gott sie dahingegeben ..." (Römer 1,24.26.28). Dreimal nacheinander benützt er dieses Wort, wenn der Apostel den Weg des Menschen ohne Gott beschreibt. Weil so viele Menschen lieber das Unheil wählen als Gottes Heil, weil sie auf ihren selbst gewählten Wegen mehr Chancen sehen, das große Glück zu erhaschen und „etwas vom Leben zu haben", trägt unsere Welt und mit ihr die Menschheit den Stempel des Bösen, des Gottwidrigen, des Abfalls von Gott. Die Bibel nennt das Sünde. Deshalb Streit, Hass und Kriege, Betrug und Korruption, Terrorismus und Menschenverachtung. Dieses alles wird zusammengefasst in dem einen Wort „dahingegeben". Wir Menschen haben Gott vergessen und verlassen, wir haben uns von ihm, dem Schöpfer, entfernt, weil wir selber sein wollen wie Gott (1. Mose 3,5).

Doch das Wort „dahingegeben" ist nicht das letzte Wort Gottes. Er erreicht sein Ziel trotz aller Abwehr des Menschen. Dafür steht Jesus, Gottes Sohn. Ihn hat sein Vater, der Allmächtige, „dahingegeben" (Römer 8,32) – „für uns alle – wie sollte er uns mit ihm nicht alles schenken?" Jesus hält uns die Tür zu Gott, dem Vater, dem Allmächtigen, offen. Zu dem, der seine Allmacht gerade darin erweist, dass er sein Heil, sein Schalom, allen Menschen anbietet, aber keinem Menschen aufzwingt.

... den Schöpfer des Himmels und der Erde

Das Wort vom Klimawandel ist heute in aller Munde. Kaum eine Nachrichtensendung wird ausgestrahlt ohne diese Thematik. Zeitungen aller Art weisen hin auf die dramatischen Veränderungen in der Wetterlage, denen wir ausgesetzt sind. Aufmerksame Zeitgenossen verfolgen diese Entwicklung mit zunehmender Sorge. Seit Jahren erleben wir eine Veränderung der gewohnten klimatischen Verhältnisse, wie es sie noch zu keiner früheren Zeit gab: Winter, die diesen Namen nicht verdienen oder die solche Mengen von Schnee bringen, dass er nicht bewältigt werden kann. Frühling mit hochsommerlichen Temperaturen. Lange Dürrezeiten, und dann wieder sintflutartige Regenfälle, Orkane und Gewitterstürme, eiskalte Nächte mitten im Sommer ... „So etwas gab es seit Menschengedenken noch nicht", hört man immer wieder von solchen, die etwas vom Wetter und vom Klima verstehen.

Wie soll man mit diesem Klimawandel umgehen? Weltweite Konferenzen und internationale Kommissionen von Sachverständigen halten eine Tagung nach der anderen ab. Gutachten werden erstellt und wieder verworfen. An die Bevölkerung ergehen Appelle, den CO_2-Ausstoß zu verringern. Autos ohne

Umrüstung werden nicht mehr zugelassen. Aber der Erfolg lässt auf sich warten. Viele Appelle verhallen im Wind. Der technische Fortschritt, der Luxus, die persönliche Bequemlichkeit sind wichtiger. Sie lassen sich nicht aus dem Vordergrund der Interessen verdrängen. Ja, alle menschlichen Bemühungen von Naturschützern und Umweltverbänden, auch alle gut gemeinten politischen Aktivitäten greifen zu kurz, wenn wir die Bestimmung und Beauftragung des Menschen im Blick auf die Erde, die Gott, der Schöpfer, ihm gegeben hat, außer Acht lassen. Kurz gesagt: Wenn wir uns immer weiter von dem abwenden, der Himmel und Erde geschaffen hat. Und noch präziser: Wenn wir den Menschen und seine Wünsche in die Mitte rücken und ihn zum Maß aller Dinge machen.

Der Erste Artikel unseres Glaubensbekenntnisses will uns zu dem Ursprung zurücklenken, den die heutige Menschheit weithin vergessen hat: „Ich glaube an Gott, den Vater, den Allmächtigen, den Schöpfer des Himmels und der Erde." Oder, um es mit den ersten Worten der Bibel zu sagen: „Am Anfang schuf Gott Himmel und Erde" (1. Mose 1,1). Das Weltall insgesamt und unser Planet Erde sind nicht durch Zufall entstanden. Auch nicht der Mensch. Die Bibel verweist mit Nachdruck darauf, dass am Ursprung aller Dinge der redende Gott steht, der durch sein schaffendes Wort den Anfang setzt: „Und Gott sprach ..." (1. Mose 1,3). Die Welt ist „das Produkt des schöpferischen Wortes" (Gerhard von Rad). Hinter allem Geschaffenen steht Gott, der Herr, der Allmächtige, den unser Glaubensbekenntnis mit biblischem Recht den „Schöpfer“ nennt, den Urgrund, den Urheber, auf den alles zurückgeht, was geworden ist. Das hebräische Verbum „bara“, schaffen (1. Mose 1,1), ist, wie der Alttestamentler Gerhard von Rad bemerkt, „ein Fachwort der theologischen Priestersprache und wird ausschließlich nur von dem göttlichen Schaffen verwendet“. Denn Gottes Schaffen ist unvergleichlich, es ist wirklich mit nichts zu vergleichen. Vor allem nicht mit dem, was Menschen schaffen und ins Werk setzen. Die Welt fängt also mit Gott an, so wie sie einmal am Ende der Zeit bei Gott enden wird. Auch die „Mitte der Zeit“, ihren Scheitelpunkt, hat Gott markiert, als er Jesus Christus, seinen Sohn, auf diese Erde sandte, als er ihn Mensch werden, leiden, sterben und wieder auferstehen ließ zum Heil der Menschheit. Gott am Anfang, Christus in der Mitte und am Ende wieder: „Ich bin das A und das O, der Erste und der Letzte, der Anfang und das Ende“ (Offenbarung 22,13).

Gott, der Schöpfer – das ist wie eine „feierlich-majestätische Ouvertüre vor allem Folgenden“ (Claus Westermann). Dieser Satz der Bibel will aber nicht in Konkurrenz treten zu den Erkenntnissen der modernen Naturwissenschaften, der Biologie und der Physik und ebenso wenig zu den Hypothesen derer, die sich philosophisch mit dem Anfang und dem Ende der Welt beschäftigen. Gott, der Schöpfer – das steht vor all diesen wissenschaftlichen Aussagen als eine Aussage des Glaubens. Und es liegt auf einer anderen

Ebene des Denkens und Erkennens. So können Christen mit Ruhe und Gelassenheit die Forschungsergebnisse Charles Darwins zur Entstehung der Arten durch Evolution bis hin zu den gegenwärtigen Einlassungen von Richard Dawkins zur Kenntnis nehmen, ohne ihren Glauben an Gott, den Schöpfer, abzulegen. Sie können mit Interesse die Balken-Überschrift der Zeitungen lesen, die Ende März 2010 als Top-Meldung durch die Medien ging: „Der zweite Urknall. Nach 25 Jahren am Ziel: die Kollision zweier Protonenstrahlen gibt Forschern Aufschluss über den Aufbau der Materie." Sie werden mit dem gleichen Interesse im folgenden Artikel lesen, dass damit „das Tor in eine neue Physik aufgestoßen" ist und dass man dem angenommenen „Urknall" ein ganzes Stück näher gekommen ist. Und gleichzeitig werden sie an Gott, den Schöpfer des Himmels und der Erde festhalten und sich gläubig zu seinem Walten bekennen.

Weil der christliche Glaube bekennt, dass der Gott, den die Bibel bezeugt, der Urgrund alles Seins ist, der Grund, dem alles Leben sich verdankt, können die Beter und Sänger des Alten Testaments nur in Worten der Anbetung und des Lobpreises reden, wenn sie von Gott als dem Schöpfer und von seiner Schöpfung sprechen. Man muss nur einmal die sogenannten Schöpfungspsalmen lesen, um solchen Sätzen des Staunens und der Anbetung zu begegnen:

> Herr, unser Herrscher,
> wie herrlich ist dein Name in allen Landen,
> der du zeigst deine Hoheit am Himmel! ...

> Wenn ich sehe die Himmel, deiner Finger Werk,
> den Mond und die Sterne, die du bereitet hast:
> was ist der Mensch, dass du seiner gedenkst,
> und des Menschen Kind, dass du dich seiner
> annimmst?
>
> *Psalm 8*

oder der 104. Psalm:

> Lobe den Herrn, meine Seele!
> Herr, mein Gott, du bist sehr herrlich!
>
> Du bist schön und prächtig geschmückt.
> Licht ist dein Kleid, das du anhast.
> Du breitest den Himmel aus wie einen Teppich ...
> der du das Erdreich gegründet hast
> auf festen Boden,
> dass es bleibt immer und ewiglich ...
> Herr, wie sind deine Werke so groß und viel!
> Du hast sie alle weise geordnet,
> und die Erde ist voll deiner Güter!

Gott hat diese Welt, den ganzen Kosmos, nicht nur geschaffen und ins Dasein gerufen durch sein schaffendes, sein schöpferisches Wort. Er hat sie auch geordnet: „Du hast sie alle weise geordnet", sagt der Psalmist (104,24). Das zeigt schon die erste Seite unserer Bibel. Alles hat in Gottes Schöpfung seinen Ort, seine Zeit, seine Ordnung. In fast pedantisch zu nennender Reihung ist das in 1. Mose 1 nachzulesen, in einem Text, von dem uns die Erforscher des Alten Testaments sagen, dass er wohl in Priesterkreisen entstanden ist. Deshalb gilt in der Wissenschaft die Bezeichnung P für den ersten (zeitlich jüngeren) Bericht: 1. Mose 1,1–2,4a im Gegensatz zu dem zweiten (wohl älteren) Bericht, der nach der Gottesbezeichnung Jahwe der „jahwistische Bericht“ mit dem Kürzel *J* genannt wird.

Geben wir zu diesen alten Texten dem Theologen Wolfgang Huber ausführlich das Wort (nach seinem Buch „Der christliche Glaube“): „Den Hintergrund bildeten babylonische Weltentstehungsmythen der damaligen Zeit. Vieles verbindet diesen Text mit dem babylonischen Denken. Wie dieses konfrontiert er uns mit dem Bild eines Himmelsozeans, dessen Wasser wie eine Sintflut auf die Erde stürzen könnten, wenn sie nicht durch das Firmament daran gehindert würden. Doch anders als diese Mythen lässt er die Welt nicht aus einem Kampf rivalisierender Götter hervorgehen, sondern aus der souveränen Schöpfertat des einen Gottes. Er versteht die Gestirne nicht als Gottheiten, sondern als von Gott geschaffene Himmelslichter. In den Menschen sieht er nicht Diener der Götter, sondern Gottes Ebenbild. Und die Welt betrachtet er nicht als Chaos, sondern als eine von Gott diesem Chaos abgerungene Ordnung. Die Souveränität des Schöpfers, die Würde des Menschen und die Einheit der Schöpfung treten uns als bestimmende Züge dieser Erzählung entgegen.“

Die innere Ordnung seines Schöpfungswerkes hat Gott nach dem Ende der Sintflutkatastrophe noch einmal bestätigt: „Solange die Erde steht, soll nicht aufhören Saat und Ernte, Frost und Hitze, Sommer und Winter, Tag und Nacht“ (1. Mose 8,22). Oder, um es mit dem Liederdichter Johann Jakob Schütz (1675) zu sagen:

> Was unser Gott geschaffen hat,
> das will er auch erhalten,
> darüber will er früh und spat
> mit seiner Güte walten.

Von dieser inneren Gesetzmäßigkeit, die aus dem Erhaltungswillen Gottes entspringt, lebt unsre Erde bis zum heutigen Tag: Im Sommer soll es Sommer sein, im Winter Winter – und nicht umgekehrt. Um diese Ordnung seines Schöpfungswerkes zu gewährleisten, hat Gott den Menschen, die Krone seiner Schöpfung (Psalm 8,6–9), beauftragt, die Erde zu bebauen und zu bewahren (1. Mose 2,15). Im Ersten Artikel des Glaubensbekenntnisses spricht der Mensch aus, „dass er Geschöpf ist und darum sein Leben nicht sich selbst, sondern in jedem Augenblick der Macht und Treue des Schöpfers verdankt. Sinn und Erfüllung seines Lebens findet er in beidem zugleich: In der Hinwendung zum Schöpfer in Dank und Vertrauen und in der Hinwendung zur Erde im Bebauen und Bewahren, im Erleben und Erleiden seines Lebens" (Hans Lachenmann). So gehören für den Menschen von Anfang an Gottesverhältnis und Weltverhältnis aufs engste zusammen.

Aber nun ist ja unsere Erde nicht mehr so, wie Gott sie gedacht und geschaffen hat. Sie ist in Unordnung geraten, und noch mehr als das. Wir erleben das nicht nur im Umgang der Menschen und der Völker, die sich hassen und bekriegen. Wir erleiden es auch im

Blick auf die Schöpfung und ihre Ressourcen, in der Ausbeutung der Bodenschätze, in der Abholzung lebensnotwendiger Regenwälder aus rein wirtschaftlichen und materiellen Zwecken, wir sehen es in der zunehmenden Verpestung der Luft und der Verunreinigung der Gewässer. Schuld an dieser verhängnisvollen Entwicklung sind wir Menschen, weil wir „sein wollen wie Gott", wie die Schlange in der Sündenfallgeschichte gesagt hat (1. Mose 3,5). Herren der Welt wollen wir sein, und wir sind darüber zu Ausbeutern und Zerstörern unserer Lebensgrundlagen geworden.

Das Ergebnis dieser Entwicklung haben wir vor Augen. Die Zeitungen sind voll davon. Aus eigener menschlicher Kraft können wir die ursprüngliche Ordnung nicht wiederherstellen. Zu tief ist die Kluft zwischen dem Schöpfer und seinen Geschöpfen geworden, die Kluft der Abwendung von Gott, die in der Bibel „Sünde" genannt wird. Der Alttestamentler Claus Westermann hat sich in seiner „Theologie des Alten Testaments in Grundzügen" intensiv mit dieser Frage beschäftigt: „Wo Erträge aus der Erde gewonnen werden, ohne dass zugleich die Erde als Spender der Erträge behütet und bewahrt wird, liegt Raubbau vor, der sich auf den Auftrag Gottes keinesfalls berufen kann. Denn nichts anderes ist gemeint mit der Formulierung der Priesterschrift, in der der Mensch zum Herrschen über die übrigen Kreaturen und damit auch zum Herrschen über die Erde eingesetzt wird: ‚... macht sie euch untertan!' Denn ‚herrschen' ist hier nicht im Sinn willkürlicher Machtausübung gemeint

... Es ist dabei vielmehr an die klassische Form der Herrschaft, die Königsherrschaft gedacht. Sie bedeutet die volle Verantwortung des Herrschers für das Wohlergehen des ihm anvertrauten Volkes und Landes ... Wenn sich im gegenwärtigen Gespräch über das dominium terrae eine skrupellose Ausbeutung der Kräfte unserer Erde auf die Herrschaftsübertragung in der Schöpfungsgeschichte beruft, so ist das im Text nicht begründet; jede Form von Ausbeutung der Erde ist Verachtung des Auftrages Gottes."

Helfen kann hier nur eines: die Rückwendung zu Gott, dem Schöpfer und Herrn, der uns in Jesus Christus, seinem Sohn, ganz nahe gekommen ist. So ist das Bekenntnis zu Gott, dem Schöpfer der Welt, zugleich eine „Absage an alle menschliche Selbstherrlichkeit und Selbstvergötzung und eine neue Zuwendung zum Schöpfergott" (Hans Lachenmann). Das Bekenntnis zu dem Schöpfergott der Bibel setzt Kräfte frei, indem es uns von unserem Egoismus und unserem Streben nach Macht befreit, Kräfte, auch heute die Erde zu bewahren und die Schöpfung Gottes zu erhalten. Das Bekenntnis zu Gott, dem Schöpfer, kann uns davor bewahren, die Erde und ihre Schätze zu zerstören. Es kann uns helfen, von unseren manchmal so maßlosen persönlichen Ansprüchen und von politischen Zielen abzurücken und einen Lebensstil zu akzeptieren, der dem Erhalt der Gaben Gottes in dieser Welt dient, der die Erde erhält und ihre Bodenschätze und Erzeugnisse allen Erdbewohnern gleichermaßen zugänglich macht.

„Bebauen und bewahren“ (1. Mose 2,15) – das ist Gottes Auftrag an uns. Wird dieser Auftrag wahrgenommen, nicht nur von einzelnen Menschen, sondern ebenso von Völkern und Staaten, von Regierungen und Parlamenten, nicht zuletzt auch von den Verantwortlichen der Wirtschaft und der Finanzen, dann wird Gottes Schöpfung erhalten. Und damit ehren wir Gott, den Vater, den Allmächtigen, den Schöpfer des Himmels und der Erde.

Ich glaube an Jesus Christus, seinen eingeborenen Sohn, unsern Herrn, empfangen durch den Heiligen Geist, geboren von der Jungfrau Maria …

„Wenn man diese Gestalt fassen will, wenn man wenigstens ihre Umrisse andeuten möchte, wo soll man da beginnen?... Wir würden eine tausendjährige Geschichte von Stephanus bis Dietrich Bonhoeffer erzählen müssen, um die tröstende und tragende Gewalt dieses Einen an dem Widerschein zu erkennen, den er in den Herzen seiner Treuesten hinterließ.“ Mit diesen Worten beginnt der Theologieprofessor Helmut Thielicke seine Auslegung des Zweiten Glaubensartikels. Und ein anderer, Gerhard Hennig, sagt: „Wem‘s zu hoch ist, wem zu fremd, der hat schon vieles verstanden und erfasst ... Denn auch Maria sprach zu dem Engel: ‚Wie soll das zugehen?‘“ Schon Martin Luther bekennt sich in seiner Erklärung des Glaubensartikels ausdrücklich zu dieser unmöglichen Möglichkeit, Gottes tiefstes Geheimnis zu lüften: „Ich glaube, dass ich nicht aus eigener Vernunft noch Kraft an Jesus Christus, meinen Herrn, glauben oder zu ihm kommen kann ...“ Wir stehen hier vor einer unübersteigbaren Schranke des Verstehens und Begreifens. Wer kann sie überwinden? Niemand aus der Zahl der Menschen kann das. Darum hat Gott uns diesen Schritt abgenommen, indem er selbst zu uns gekommen ist. Das feiern wir an Weihnachten.

Gott kommt zu uns Menschen. Oder anders gesagt: Gott wird Mensch. So beginnt das Johannesevangelium: „Das Wort ward Fleisch und wohnte unter uns“ (Johannes 1,14). Oder in der „Gute-Nachricht-Bibel“: „Er, das Wort, wurde ein Mensch, ein wirklicher Mensch von Fleisch und Blut. Er lebte unter uns ...“ In immer neuen Anläufen haben die Liederdichter aller Zeiten dieses Wunder besungen: Martin Luther und Paul Gerhardt, Gerhard Tersteegen, Christian Fürchtegott Gellert und Jochen Klepper. Man muss nur einmal Luthers Weihnachtslied „Gelobet seist du, Jesu Christ ...“ aufmerksam Vers für Vers lesen und bedenken, dann hat man das Weihnachtswunder Gottes und zugleich seine Deutung vor sich:

Gelobet seist du, Jesu Christ,
dass du Mensch geboren bist
von einer Jungfrau, das ist wahr,
des freuet sich der Engel Schar.

Des ewgen Vaters einig Kind
jetzt man in der Krippen find't;
in unser armes Fleisch und Blut
verkleidet sich das ewig Gut.

Den aller Welt Kreis nie beschloss,
der liegt in Marien Schoß;
er ist ein Kindlein worden klein,
der alle Ding erhält allein.

Das ewig Licht geht da herein,
gibt der Welt ein‘ neuen Schein;
es leucht‘ wohl mitten in der Nacht
und uns des Lichtes Kinder macht.

Der Sohn des Vaters, Gott von Art,
ein Gast in der Welt hier ward
und führt uns aus dem Jammertal,
macht uns zu Erben in seim Saal.

Er ist auf Erden kommen arm,
dass er unser sich erbarm
und in dem Himmel mache reich
und seinen lieben Engeln gleich.

Das hat er alles uns getan,
sein groß Lieb zu zeigen an.
Des freu sich alle Christenheit
Und dank ihm des in Ewigkeit.

Am Ende stehen die Liederdichter vor dem Wunder, das sich nicht erklären, sondern nur bestaunen lässt:

Wenn ich dies Wunder fassen will,
so steht mein Geist vor Ehrfurcht still;
er betet an und er ermisst,
dass Gottes Lieb unendlich ist.

Christian Fürchtegott Gellert

Vers für Vers: gereimtes Evangelium! Jede Strophe lässt sich Zeile für Zeile durch eine Reihe von Bibelstellen erhärten.

Das Weihnachtswunder: Gott wird Mensch. Oder wie der Evangelist Lukas uns den Ausruf des alten Priesters Zacharias aus seinem Benedictus überliefert: „Gelobt sei der Herr, der Gott Israels! Denn er hat besucht und erlöst sein Volk“ (Lukas 1,68). Dieses und nichts anderes erzählt die vielen Menschen von Kind auf vertraute Weihnachtsgeschichte aus Lukas 2: die Geschichte vom Stall in Bethlehem, von dem Kind in der Krippe, den Engeln am Himmel und den Hirten auf dem nächtlichen Feld. Mitten in unsere Nacht ist Gott gekommen, damit wir Menschen zu seinem Licht finden.

Gott kommt in unsere Nacht

In der Weihnachtsgeschichte des Lukasevangeliums (Kapitel 2) wird uns ein Fenster geöffnet, das uns in den Alltag und zugleich in die Abgründe dieser Welt blicken lässt. Menschen sind unterwegs mitten in der Nacht, stehen vor ausgebuchten Hotels, bekommen Wucherpreise genannt für einen primitiven Unterschlupf und erleben die Hartherzigkeit ihrer Mitmenschen, die nur an sich selber denken und an das Geschäft des Jahres.

Eine Mutter muss der Geburt ihres ersten Kindes in einem Viehstall entgegenwarten. Keine Klinik, kein gekachelter Kreißsaal, keine besorgten Ärzte und aufmerksame Hebammen, kein warmes Bett. Nichts.

So ist Gott in unserer Welt angekommen. Nicht im Rampenlicht der Öffentlichkeit, nicht in einem Königsschloss, nicht auf der Privatstation einer Klinik, sondern auf der Schattenseite des Menschseins. Gott hat sich in Jesus, dem Krippenkind, ganz zu einem der Unseren gemacht. Er, „der keiner von uns war, wird einer von uns“, so hat es Gerhard Hennig einmal formuliert. Oder, um es mit Worten von Helmut Thielicke zu sagen: „Der Mensch Jesus hat seinen Ursprung nicht in der menschlichen Generationenfolge, sondern Gott selbst betritt in ihm den Raum der Geschichte.“

Das Glaubensbekenntnis benennt diesen Jesus von Nazareth, der biblischen Begrifflichkeit und dem Selbstverständnis Jesu folgend, mit einer Reihe von „Würdetiteln“, wie die Theologen sagen, mit Titeln, die seine Besonderheit vor allen Menschen hervorheben und die seinen Rang, eben seine „Würde“, kennzeichnen.

Jesus, der *Christus*. Christus ist nicht ein Eigenname des Jesus von Nazareth. Es ist ein „Würdetitel“. Dieser Titel hebt den Menschen Jesus heraus aus der Fülle der Menschgeborenen. Christus – das ist „der Gesalbte“, hebräisch: der Messias, „der mit dem Handeln Gottes in dieser Welt Beauftragte“ (Gerhard Hennig). Nur Könige und Priester wurden in jener Zeit gesalbt, hervorgehoben, mit einem besonderen göttlichen Auftrag versehen. Dieses Messiasamt leitet sich bei Jesus von Jesaja 53 her, von dem leidenden Gottesknecht, dessen Weg und Wirken in jenem prophetischen Kapitel beschrieben ist: „Fürwahr, er trug unsere Krankheit und lud auf sich unsere Schmerzen. Wir aber hielten ihn für den, der geplagt und von Gott geschlagen und gemartert wäre. Aber er ist um unserer Missetat willen verwundet und um unserer Sünde willen geschlagen. Die Strafe liegt auf ihm, auf dass wir Frieden hätten, und durch seine Wunden sind wir geheilt“ (Jesaja 53, 4 und 5).

Jesus, *Gottes eingeborener Sohn*. So wird Jesus bei seiner Taufe durch Johannes beschrieben: „Dies ist mein lieber Sohn, an dem ich Wohlgefallen habe“ (Matthäus 3,17). Er stammt aus Gottes ewiger Welt, er kommt von Gott, er ist „Gott von Art“ (Martin Luther), die Offenbarung des Namens und des Wesens Gottes in dieser Welt. „Ich habe deinen Namen den Menschen offenbart“ (Johannes 17,6).

Jesus, *der Herr, der Kyrios*, ein „Würdetitel“ aus dem griechischen Sprachraum: der Herr über alle und über alles. So umschreibt das Credo der Christenheit Wesen und Würde des in Jesus von Nazareth Mensch gewordenen Gottes, das, was Paulus im 2. Korintherbrief in die Formel gefasst hat: „Gott war in Christus …“ (2. Korinther 5,19). Schon bei seiner Geburt haben das über dem Hirtenfeld von Bethlehem die Engelchöre gesungen: „Euch ist heute der Heiland geboren, welcher ist Christus, der Herr …“ (Lukas 2,11). Der Heiland – der Befreier, der Raum schafft für das Neue, das er bringt, für das Heil, für unsere Rettung in Zeit und Ewigkeit.

Wir sollen in Gottes Licht kommen

Gott wird Mensch. Wie ist das zugegangen, das, was Paulus einmal so beschrieben hat: „Als aber die Zeit erfüllt war, sandte Gott seinen Sohn, geboren von einer Frau und unter das Gesetz getan, damit er die, die unter dem Gesetz waren, erlöste, damit wir die Kindschaft empfingen“ (Galater 4, 4.5). Niemand kann den Vorgang beschreiben, den wir als Jungfrauengeburt bezeichnen. Denn er ist von einem Geheimnis umgeben. Nicht von einem biologischen, sondern von einem göttlichen Geheimnis. Jungfrauengeburt – „das ist kein Stück aus dem biologischen Raritätenkabinett der Weltgeschichte“ (Gerhard Hennig). Sie ist kein Rätsel, sondern – wie gesagt – ein Geheimnis.

Ein Rätsel kann man lösen, wenn man sich Mühe gibt. Vor einem Geheimnis bleibt man stehen, staunend, anbetend. Gott selbst ist es, der einer menschlichen Mutter ein Kind in den Schoß legt. Auch die Mutter Maria steht hier vor einem Geheimnis, das ihr widerfährt, wenn sie bei der Ankündigung der Geburt Jesu den Engel Gottes fragt: „Wie soll das zugehen, da ich doch von keinem Mann weiß?“ (Lukas 1,34). Oder, mit der Gute-Nachricht-Bibel: „... ich bin doch mit keinem Mann zusammen“. Selbst die Antwort des Engels an Maria lüftet das Geheimnis nicht: „Der heilige Geist wird über dich kommen, und die Kraft des Höchsten wird dich überschatten; darum wird auch das Heilige, das geboren wird, Gottes Sohn genannt werden“ (Lukas 1,35).

Dass in früheren Zeiten auch in der übrigen Literatur jener Jahre, soweit sie noch vorhanden ist, die Geburt von Göttersöhnen auf wundersame Weise umschrieben wird, braucht uns nicht zu stören. Jene Berichte können die Erzählung von der Geburt Jesu nicht nivellieren. Seine Geburt ist ein Geschehen, das auf Gott, den Schöpfer aller Dinge verweist, dem nichts unmöglich ist.

„Empfangen durch den Heiligen Geist, geboren von der Jungfrau Maria." „Um dieser beiden Aussagen willen musste sich das Credo der Christenheit schon viel Kritik gefallen lassen. Nicht nur die Ungläubigen haben sich daran gestoßen, weil hier biologisch Unmögliches behauptet werde; nicht nur frivoler Spott hat je und dann über diese jungfräuliche Geburt Jesu durch Maria seine Glossen gemacht. Auch sehr ernsthafte Christen, sehr maßgebliche Theologen, denen niemand ihre persönliche Glaubensbindung an Jesus Christus absprechen kann, haben gegen diese Sätze ihre Fragen und Bedenken angemeldet" (Helmut Lamparter).

Die frühe Kirche hat das Geschehen der Christgeburt in die Formel geprägt: „Wahrer Gott und wahrer Mensch". Diese Formulierung taucht „kirchenamtlich" zum ersten Mal im Bekenntnis des Konzils von Chalcedon 451 n. Chr. auf, mit dem die langwierigen christologischen Streitigkeiten der frühen Christenheit einen vorläufigen Abschluss fanden: „Wir bekennen alle einen und denselben Sohn, unsern Herrn Jesus Christus, vollständig in Bezug auf die Gottheit und zugleich vollständig der Menschheit nach, ... gleiches Wesens dem Vater seiner Gottheit nach, und auch uns gleich nach seiner Menschheit, einen und denselben Christus, Sohn, Herrn, Eingeborenen, in zwei Naturen unvermischt und unverwandelt, ungeteilt und ungetrennt ..." Für uns heutige Leser ist das schwer zu verstehen. Man spürt aber, über den Abstand der Jahrhunderte hinweg, wie bei der Formulierung dieser Sätze um jedes einzelne Wort gerungen wurde.

„Wahrer Gott und wahrer Mensch" – das ist auch in die evangelischen Bekenntnisse der Reformationszeit eingegangen, in die Confessio Augustana der lutherischen Kirche von 1530 wie in den Heidelberger Katechismus von 1563, der in den reformierten Kirchen in Gebrauch ist (dort im zweiten Teil, Frage 15–18 und 31–35). Ich zitiere aus dem Augsburger Bekenntnis: „Es wird gelehrt, dass Gott, der Sohn, Mensch geworden ist, geboren aus der reinen Jungfrau Maria, und dass die zwei Naturen, die göttliche und die menschliche, also in einer Person untrennbar vereinigt ist, ein Christus sind, der wahrer Gott und wahrer Mensch ist ..." (CA III). Ein zeitgenössischer Theologe, Helmut Gollwitzer, hat diesen Tatbestand so formuliert: Jesus „ist zwar von einer menschlichen Mutter geboren, aber nicht von der Menschheit hervorgebracht".

Lauter Versuche, die Sache, um die es hier geht, verständlich auszudrücken, obwohl sie letztlich unverständlich bleiben wird. Gott, wie ihn die Bibel beschreibt, wäre nicht Gott, wenn all sein Handeln und Tun in den Kategorien unseres menschlichen Verstehens und Begreifens aufgehen würde. Nicht nur der Friede Gottes, wie es der Philipperbrief sagt (4,7), sondern auch sein Handeln ist „höher als alle Vernunft".

Es ist so: „Gott tut große Dinge, die wir nicht begreifen“ (Hiob 37,5). Das Thema „Jungfrauengeburt“ ist also keine Peinlichkeit, über die aufgeklärte Menschen die Nase rümpfen müssten. Es ist der Beginn des Heilshandelns Gottes mit der Menschheit, dem im Laufe des irdischen Lebens Jesu weitere Wunder folgen.

Es ist und bleibt ein Geheimnis: Gott hat sich in Jesus, seinem Sohn, zu einem der unseren gemacht. Dabei ist nicht das „Wie“ entscheidend, sondern das „Dass“. Er ist in die Armut und Niedrigkeit unserer Menschenart eingegangen, damit wir in ihm reich würden, reich in Gott, so wie Paulus einmal geschrieben hat: „Jesus Christus: obwohl er reich ist, wurde er doch arm um euretwillen, damit ihr durch seine Armut reich würdet“ (2. Korinther 8,9). Dazu ist Gott Mensch geworden. Dazu ist Jesus, Gottes Sohn, in einem Stall geboren, auf der untersten Etage des Menschengeschlechts. „Damit wir Kinder würden, gingst du vom Vater aus“ – so heißt es in einem Lied von Albert Knapp aus dem alten württembergischen Gesangbuch von 1953.

Diese „gute Nachricht“, dieses Evangelium wird uns an Weihnachten verkündet: „Euch ist heute der Heiland geboren, welcher ist Christus, der Herr ...“ (Lukas 2,11). Diese „Freudenbotschaft“ soll „allem Volk widerfahren“ (Lukas 2,10). Jesus, der Heiland, das heißt: der Retter aus Sünde und Tod, der Befreier aus unserer natürlichen Gottesferne, die uns Menschen eigen ist. Genau das meint auch das Wort von Gottes

Besuch in der Welt der Menschen: „Gelobt sei der Herr, der Gott Israels! Denn er hat besucht und erlöst sein Volk" (Lukas 1,68). Also nicht nur besucht, sondern auch erlöst. Gottes Menschwerdung in Jesus Christus zielt auf Erlösung, auf Befreiung. Der ganze Weg des irdischen Jesus durch diese Welt war ein Weg zur Erlösung der Menschen. Jesu Worte und Werke, sein Helfen und Heilen, sein Befreien aus dem Bann der Sünde, der Krankheit und des Todes, am Ende sein Leiden, Sterben und Auferstehen, diente diesem einen Ziel: Verlorene und gebundene Menschen „von der Knechtschaft der Vergänglichkeit zu der herrlichen Freiheit der Kinder Gottes" zu führen (Römer 8,21).

Gott wird Mensch. Ein Wunder, das wir nicht begreifen und darum auch nicht näher beschreiben können. Wir sollen vor dieser unverdienten Gottestat nur staunend stehen bleiben:

Sehet dies Wunder,
wie tief sich der Höchste hier beuget;
sehet die Liebe,
die endlich als Liebe sich zeiget!
Gott wird ein Kind,
hebet und träget die Sünd;
alles anbetet und schweiget.

Gerhard Tersteegen

Wir dürfen das festhalten und bekennen, gegen alle Widersprüche des Unglaubens und des Zeitgeistes, gegen allen alten und modernen Rationalismus, der nur für wahr hält, was er sieht, was er messen und nachprüfen kann. Dieser Geist menschlichen Überlegenheitsdenkens reicht heute weit hinein in Kirche und Theologie. Der Menschengeist will über den Gottesgeist triumphieren. Er meint alles zu wissen, und er will dazu alles noch besser wissen.

Paulus dagegen ist bescheidener, und er ist darin wahrhaft weise: „O welch eine Tiefe des Reichtums, beides, der Weisheit und der Erkenntnis Gottes! Wie unbegreiflich sind seine Gerichte und unerforschlich seine Wege!“ (Römer 11,33). Bei dieser Bescheidenheit des Apostels zu bleiben steht einem Christen, nicht zuletzt einem Theologen wohl an:

Ich sehe dich mit Freuden an
und kann mich nicht satt sehen;
und weil ich nun nichts weiter kann,
bleib ich anbetend stehen.
O dass mein Sinn ein Abgrund wär
und meine Seel ein weites Meer,
dass ich dich möchte fassen!

Paul Gerhardt

...gelitten unter Pontius Pilatus, gekreuzigt, gestorben und begraben, hinabgestiegen in das Reich des Todes...

Wenn man die einzelnen Stationen des Weges Jesu im Zweiten Glaubensartikel durchsieht, fällt sofort auf, wie wenig dort über sein Leben und Wirken während seines irdischen Lebens gesagt wird. Von dem Bericht über seine wunderbare Geburt eilt das Bekenntnis weiter zu seinem Leiden und Sterben. Das Leben Jesu, das die vier Evangelien im Neuen Testament breit und ausführlich erzählen, sein Helfen und Heilen, sein Trösten und Tragen – alles wird übergangen. Dagegen ist sein Leiden und Sterben in allen Einzelheiten festgehalten.

Diese Reduktion der einzelnen Stationen des Lebensweges Jesu auf seinen Anfangs- und Endpunkt ist im Grunde eine Konzentration. Das Bekenntnis überspringt nicht deshalb die vielen Stationen des irdischen Lebens und Wirkens Jesu, weil sie unwesentlich wären, sondern es charakterisiert eben diese Lebensgeschichte in ihrer Ganzheit als Leidensgeschichte. Mit Recht kann man darum, wie es einst der Theologe Martin Kähler (1835–1912) getan hat, von den neutestamentlichen Evangelien als von „Passionsgeschichten mit ausführlicher Einleitung“ sprechen. Jesu Weg hatte von Anfang an ein Gefälle zum Kreuz. Schon über seiner Krippe stand unsichtbar das Zeichen des Kreuzes. Wenn darum „die urchristliche Gemeinde den Blick so völlig auf den Gekreuzigten und Auferstandenen konzentriert hat, so ist das nicht exklusiv zu verstehen, sondern inklusiv: dass Christus gestorben und auferstanden ist, das ist eine Reduzierung des ganzen Lebens Jesu ... Es gehört sein ganzes Leben unter das Wort ‚gelitten'" (Karl Barth).

Noch einmal kurz zusammengefasst: Das scheinbare Übergehen des irdischen Wirkens Jesu „signalisiert, worin das Bekenntnis zu Jesus seinen Grund hat: nicht in seinem irdischen Wirken und auch nicht in seiner Verkündigung, sondern in der Heilsbedeutung seines Todes und seiner Auferstehung" (Wolfgang Huber).

Streit um Jesus und seinen Tod

Die Frage nach dem Kreuzestod Jesu und nach seiner Bedeutung für uns heute ist in der jüngsten Zeit kräftig in die Diskussion gekommen. Über Jahre hinweg wurde in der evangelischen Kirche vorrangig über Fragen gestritten, die in den Bereich der Ethik gehören: über die Frage der Sicherung des Friedens in der Welt, über Schaden und Nutzen der Kernenergie, über den politischen Auftrag der Kirche, über die Ehe und neue Lebensformen. Nun ist das Interesse wieder mehr zur Dogmatik gerückt, dorthin, wo es um den alles entscheidenden Grund des christlichen Glaubens geht. Deshalb ist der Streit um die Bedeutung des Todes Jesu ein lohnender Streit, denn an dieser Stelle wird unser Glauben und Bekennen existentiell. Hier kann man sich nicht hinter Bischofsworten und Synodenbeschlüssen verstecken; hier ist jeder und jede persönlich gefragt: Was bedeutet mir Jesus? Was hilft mir sein Sterben am Kreuz?

Es gibt einen Streit um die Bedeutung des Kreuzestodes Jesu: Ich nenne im Folgenden nur einige wenige kritische Positionen, an denen der Inhalt und das Gewicht dieses Streites sichtbar werden.

Der katholische Theologe Eugen Drewermann schreibt: „Der Gedanke, dass Gott einen Menschen soll töten müssen, um sich mit der Welt zu versöhnen, macht mir Gott nicht vertrauenswürdig, sondern lässt ihn blutrünstig, barbarisch und roh erscheinen." Der evangelische Theologe Gerd Lüdemann antwortet im „Spiegel" auf die Frage eines Journalisten, ob Jesus um unserer Sünden willen starb, mit den Worten: „Nein, das ist erst nach seinem Tod in sein Leben projiziert worden. Die Worte vom Sühnetod und vom Abendmahl sind Jesus nachträglich in den Mund gelegt worden. Er hat dies weder zu seinen Jüngern gesagt, noch sich damit an die künftigen Christen gewandt." Ein lutherischer Pfarrer aus Bayern schreibt im „Deutschen Pfarrerblatt": „Abwegig ist nicht nur die Sühnetheologie, sondern die Kreuzestheologie überhaupt. Der Tod Jesu am Kreuz lässt sich nicht nur nicht als ein Sühnegeschehen denken, er lässt sich theologisch überhaupt nicht verstehen und erklären. Jeder Versuch, das Kreuz in irgend einer Weise positiv als ein für uns heilvolles Geschehen interpretieren zu wollen, ist mit der Reich-Gottes-Verkündigung des Gekreuzigten unvereinbar ... Der Kreuzestod ist Folge der römischen Diktatur, nie und nimmer aber Resultat eines Lebens für das Reich Gottes. Verantwortlich dafür ist nicht Gott und seine Liebe, sondern die menschenverachtende Gewalt eines Unrechtssystems ... Nicht Jesus hat sein Leben geopfert, weder Gott noch uns, sondern die Römer haben Jesu Leben geopfert, und zwar ihrer Machtbesessenheit ... Das Kreuz war nicht Heil, sondern Unheil in jeder Weise. Es steht in absolutem Widerspruch zur Botschaft Jesu vom Reich Gottes, von einem Leben in Fülle."

Nun genug davon! Diese Zitate wären leicht zu vermehren. Sie sind nicht neu. Schon in der Zeit des Neuen Testaments hatte Paulus mit ähnlichen Einwänden zu kämpfen. „Schon Paulus hat die Erfahrung gemacht, dass die Botschaft von dem ‚für uns' gekreuzigten und auferweckten Christus für Juden ein Ärgernis und für Griechen bzw. Heiden eine Torheit war. Für Juden ein Ärgernis, weil im Gesetz des Mose steht, ein ans Kreuz Geschlagener sei von Gott verflucht (vgl. 5. Mose 21,23), und weil ein so Verfluchter unmöglich der Israel verheißene Messias und Retter der Welt sein kann; für heidnische Griechen eine Torheit, weil ein Gottessohn, der von allen verlassen am Kreuz stirbt, keine göttliche Macht hat und (seine) Auferweckung von den Toten ein Hirngespinst ist (vgl. Apostelgeschichte 17,32)", so der Neutestamentler Peter Stuhlmacher.

Wir wollen auf diesem Hintergrund von Einwänden nun einfach fragen, was es mit der biblischen Überlieferung von Jesu Tod auf sich hat und was dieses Geschehen für uns bedeutet. Denn eines ist und bleibt für alle Zeit bemerkenswert: „Kein Tod eines Menschen hat die spätantike Welt, ja die Geschichte der Menschheit so sehr beeinflusst wie der Tod jenes galiläischen Handwerkers und Wanderpredigers, der im Jahr 30 n. Chr. vor den Toren Jerusalems als Aufrührer gekreuzigt wurde. In den sechzig Jahren zwischen der Verwandlung Judäas in eine römische Provinz und dem Ausbruch des jüdischen Krieges wurden durch die römischen Präfekten und späteren Prokuratoren Hunderte, ja vielleicht Tausende von Menschen gekreuzigt. Josephus nennt einige wenige Namen, sonst sind sie alle vergessen. Dass dieser eine Galiläer nicht vergessen wurde, sondern gerade von seinem Tode eine einzigartige Wirkung ausging, hängt mit der Deutung dieses Todes zusammen, der zur Grundlage des christlichen Glaubens wurde" (Martin Hengel).

Was ist am Kreuz zu sehen?

In den Wochen der Passionszeit bekommen wir es Jahr für Jahr vor Augen geführt, was an Jesu Kreuz zu sehen ist. Wir wissen es von unserer Kindheit an, was sich damals ereignet hat. Wir hören die Passionen von Johann Sebastian Bach nach Matthäus und Johannes und die darin enthaltenen ergreifenden Passionschoräle Paul Gerhardts, in denen alles auf den dramatischen Höhepunkt zuläuft, dass am Kreuz vor den Toren der Stadt Jerusalem einer auf schreckliche und schimpfliche Weise stirbt.

Was ist am Kreuz zu sehen? Nehmen wir einmal vordergründig und zunächst ohne jede theologische Reflexion in Augenschein, was sich dort abspielte.

Da opfert einer sein Leben für andere. Das ist nun wahrlich nichts Außergewöhnliches, mögen jetzt manche sagen, und sie sagen das heute zynischer und hämischer als früher. Dass ein Mensch sein Leben für andere riskiert, um ein bestimmtes Ziel zu erreichen, ein wissenschaftliches oder ein sportliches, vielleicht auch ein humanitäres – das begegnet uns immer wieder. Dass eine Mutter sich opfert für ihre Kinder, ein Arzt für seine Patienten, ein Wissenschaftler für ein Forschungsziel, dass eine Frau sich verzehrt in dem Spagat zwischen Familie und Beruf, das hören wir gar nicht so selten. Dass Schwestern und Pfleger sich aufopfern für ihre Kranken, dass Polizisten und Feuerwehrleute, Männer der Bergwacht oder der Lawinenabwehr und andere ihr Leben einsetzen für Menschen in Not und Gefahr, das nehmen wir in gedankenloser Selbstverständlichkeit hin. – Was ist am Kreuz zu sehen? Dass einer sich für andere opfert. Eigentlich nichts Besonderes. Tagtäglich in der Zeitung zu lesen.

Was ist am Kreuz zu sehen? Dass da ein Mensch einen qualvollen Tod erleidet. Aber was heißt das schon in einer Zeit, wo der Terrorismus rund um die Welt geht und seine Opfer sucht, Frauen und Kinder zumal, eines so unschuldig wie das andere? Wo arglose Flugzeugpassagiere und ahnungslose Bankkunden als Geiseln genommen, seelisch gequält und dann vielleicht kaltblütig erschossen werden? Bilder des Schreckens, die uns in den Fernsehnachrichten fast an jedem Abend begegnen. Dass Menschen unschuldig und qualvoll sterben – nichts Besonderes!

Was ist am Kreuz zu sehen? Dass ein Mensch sein Leben opfert für andere. Dass da einer qualvoll stirbt und unschuldig zu Tode kommt – lauter Beobachtungen, die man überall in der Welt auch machen kann. Und so hat es denn zu allen Zeiten Menschen gegeben, die geschrieben, gesagt oder wenigstens gedacht haben: Jesu Tod am Kreuz? Eigentlich nichts Besonderes! Ein Mensch, der für seine Idee in den Tod geht. Ein Mensch wie viele andere.

Wenn das so wäre, wenn Jesus nur einer unter Tausenden und Abertausenden wäre, die von den Römern, der damaligen Besatzungsmacht in Judäa, zu Tode gebracht wurden, wenn Jesus nur den gleichen Tod gestorben wäre, wie wir ihn alle einmal sterben werden, dann würde es sich in der Tat nicht lohnen, um seinen Tod so viel Aufsehens zu machen. Aber hier stirbt nicht ein Mensch wie andere. Hier stirbt mehr als ein Mensch. Das ist am Kreuz zu sehen. Und das alles fasst unser Bekenntnis in einem Wort zusammen: „gelitten unter Pontius Pilatus". Alles, was zum Lebens- und Todesweg Jesu hinzugehört, ist von diesem Begriff umschlossen: seine Fremdlingschaft in dieser Welt, das Nicht-verstanden-Werden, das Ausgestoßen-Sein, Verleugnung und Verrat der Jünger, Anklage und Urteil, Spott und Verhöhnung, Schläge, Schmerzen, Durst und Qual, das Verlassensein von Gott und den Menschen. „Das ist das Besondere, Analogielose, das Geheimnis dieses Leidens, dass es das Leiden *des* Menschen ist, in dem die Liebe des Schöpfers ... sich einen Weg bahnt durch den Verderb der Schöpfung, um sie heil zu machen. Es ist so sehr sein Leiden, dass Jesus in den Evangelien das Verbum ‚leiden' ausschließlich für sein eigenes Leiden gebraucht und weder die Verfolgung der Propheten noch das Martyrium Johannes des Täufers noch den Leidensweg der Jünger mit diesem für sein Leiden ausgesparten Wort bezeichnet" (Werner Krusche).

Wie ist das zu verstehen?

Solange wir unter dem Kreuz Jesu stehen wie der Besucher eines Museums vor einem Gemälde, bleibt das Geschehen des Karfreitags für uns stumm. So lange erkennen wir nichts Besonderes. Die Tür zum Verstehen bleibt uns verschlossen, bis wir einen Schlüssel finden, der uns das Verständnis des Kreuzestodes Jesu öffnet. Diesen Schlüssel hält die Bibel für uns bereit. Es sind die Worte, die an vielen Stellen der Bibel im Zusammenhang mit Jesu Tod erscheinen. Sie lauten: „für uns“, oder: „für unsere Sünden“. Im Hebräerbrief wird das in der kultischen Sprache des alten Israel so ausgedrückt: „Christus ist eingegangen in den Himmel, um jetzt für uns vor dem Angesicht Gottes zu erscheinen ... Er ist ein für allemal erschienen, durch sein eigenes Opfer die Sünde aufzuheben ... Christus ist einmal geopfert worden, die Sünden vieler wegzunehmen“ (Vgl. Hebräer 9,24–28).

Im Hintergrund dieser Sätze steht ein altes Ritual, das jedem Israeliten, auch jedem der ersten Hörer dieser Sätze aus dem Hebräerbrief gegenwärtig war. In 3. Mose 16 ist es nachzulesen: Einmal in jedem Jahr, am Jom Kippur, dem großen Versöhnungstag, packte der Hohepriester in Jerusalem symbolisch durch Handauflegung alle Sünden und Verfehlungen des versammelten Volkes auf einen Ziegenbock und jagte das Tier dann in die Wüste. Er gab ihn, den „Sündenbock“, dem Verderben preis. Ein Tier trug die Sünde des ganzen Volkes. Das stand den Lesern des Hebräerbriefes vor Augen, wenn sie diesen Worten begegneten. Sie wussten nach dieser kultischen Handlung: unsere Schuld ist gesühnt, wir dürfen ohne die Altlasten der Vergangenheit in ein neues Leben gehen. Der „Sündenbock“ macht’s möglich.

Aber nicht nur die Geschehnisse vom Versöhnungstag standen den Israeliten vor Augen. Sie hatten im Ohr ein altes Lied, das uns im Prophetenbuch Jesaja überliefert ist und das nach der Überzeugung zahlreicher Ausleger von Martin Luther bis zur Gegenwart ein Stück Prophetie auf Jesus und seinen Tod am Kreuz ist: das alte Lied vom Gottesknecht: „Fürwahr, er trug unsere Krankheit und lud auf sich unsere Schmerzen. Wir aber hielten ihn für den, der geplagt und von Gott geschlagen und gemartert wäre. Aber er ist um unsrer Missetat willen verwundet und um unserer Sünde willen zerschlagen. Die Strafe liegt auf ihm, auf dass wir Frieden hätten, und durch seine Wunden sind wir geheilt“ (Jesaja 53,4.5). Hier sehen wir den großen Bogen der Versöhnungstat Gottes, der sich vom Alten Testament in das Neue hineinwölbt und in dessen Mitte das Kreuz Jesu steht, das Zeichen der Versöhnung.

So hat es auch Paulus, der älteste schriftliche Zeuge im Neuen Testament, gesehen und gedeutet: „Gott hat Jesus Christus für den Glauben hingestellt als Sühne in seinem Blut zum Erweis seiner Gerechtigkeit, indem er die Sünden vergibt“ (Römer 3,25). Von dieser Stelle aus können wir im Neuen Testament zeitlich noch einen Schritt zurückgehen. Dann treffen wir im 1. Korintherbrief auf eine alte Bekenntnisformulierung aus den Tagen der frühesten christlichen Gemeinde, also auf ein Stück „Urgestein“ des Neuen Testaments: „Als erstes habe ich euch weitergegeben, was ich auch empfangen habe: Dass Christus gestorben ist für unsere Sünden nach der Schrift; und dass er begraben worden ist; und dass er auferstanden ist am dritten Tage nach der Schrift; und dass er gesehen worden ist …“ (1. Korinther 15,3–5). „Die älteste Aussage über die Heilsbedeutung des Todes Christi“, so bezeichnet der Neutestamentler Ulrich Wilckens dieses Bekenntnis in seiner „Theologie des Neuen Testaments“. In solchen Sätzen hat die Urgemeinde ihr Bekenntnis zu Jesus katechismusartig zusammengefasst und bei besonderen Anlässen, im Unterricht der Katechumenen etwa oder bei einer Taufe, weitergegeben.

„Gestorben für unsere Sünden.“ Mit diesen Worten wird eine Brücke geschlagen über den Sund, über die Meerestiefe, die uns von Gott trennt, über den Abgrund der Sünde: die Christusbrücke, über die wir in das neue Leben der Nachfolge Christi eintreten dürfen. Dass der Weg Jesu in den Tod am Kreuz auch für mich gegangen wurde, dass Gottes Werk der Versöhnung auch für mich vollbracht wurde, dieses „für mich“ ist die Brücke, auf die ich im Glauben treten darf. Genau dazu will uns das Glaubensbekenntnis einladen, wenn es formuliert: „Ich glaube an Jesus Christus …, gelitten unter Pontius Pilatus, gekreuzigt, gestorben und begraben …“ Nur zwei Namen von Menschen werden im Credo erwähnt, Maria, die Mutter Jesu, und Pontius Pilatus, der römische Statthalter in Judäa zur Jesuszeit. Damit ist das Heilswerk Gottes im Weltgeschehen verortet und verankert. Es ist also wirklich geschehen.

Werfen wir jetzt noch einen kurzen Blick in die Evangelien des Neuen Testaments, die uns das Geschehen des Kreuzestodes Jesu ausführlich und bis in Einzelheiten schildern. Dort begegnen wir im Zusammenhang der dritten Leidensankündigung bei Markus, dem wohl ältesten der vier Evangelien, einem Jesuswort, in dem er selber seinen bevorstehenden Tod in der gleichen Weise deutet: „Der Menschensohn ist nicht gekommen, dass er sich dienen lasse, sondern dass er diene und sein Leben gebe als Lösegeld für viele" (Markus 10,45). Hier ist die Sühnebedeutung des Todes Jesu mit Händen zu greifen. Und am Eingang des vierten, vermutlich des jüngsten Evangeliums, bekennt der Täufer Johannes vor seinen Jüngern, als er Jesus begegnet: „Siehe, das ist Gottes Lamm, das der Welt Sünde trägt" (Johannes 1,29). Die Anklänge an 3. Mose 16 und Jesaja 53 sind hier unverkennbar.

So zeigt uns das Alte Testament wie das Neue in immer neuen Begriffen und Bildern, was der Kreuzestod Jesu für uns bedeutet: Sühneopfer „für unsere Sünden" und Stellvertretung, Versöhnung, Loskauf, Rechtfertigung vor Gott. Allen diesen so unterschiedlichen Deutungen liegt zugrunde, dass an Jesu Kreuz etwas geschehen ist, das für mich, das für uns Heil bedeutet. Und alle diese Bilder und Begriffe zeigen uns ein Bild von Gott, dem Vater Jesu Christi, das sein Wesen und seine Eigenschaften nicht auseinanderreißt und teilweise unterschlägt, verkürzt oder umdeutet, wie man das heute so gerne tut, indem man – einerseits – nur von dem „lieben Gott" redet, oder – auf der anderen Seite – von dem richtenden, strafenden Despoten, dessen Handeln niemand versteht: „Wie kann Gott so etwas zulassen?" Die Bibel zeigt uns, dass Gott ein liebender und ein heiliger Gott ist, dass bei ihm Barmherzigkeit und Gerechtigkeit, Gnade und Gericht untrennbar zusammengehören. Er verströmt seine Liebe und er pocht auf seine Gerechtigkeit. Nur in diesem spannungsvollen Miteinander können wir ihn und sein Handeln „für uns“ und an uns richtig sehen und beschreiben.

Wir halten deshalb mit Peter Stuhlmacher fest: „Jesus ist wissentlich und willentlich in den Tod gegangen. Er hat seinen Tod als stellvertretenden Sühnetod für ‚die Vielen‘ (d.h. Israel und die Völker) verstanden. Der Sühnetod Jesu ist kein Beschwichtigungs- oder Genugtuungsakt gegenüber dem zornigen Gott, sondern stellvertretende Heilstat des messianischen Menschensohnes im Namen und Auftrag des Gottes, der wie es Jesaja 43,3–4 heißt – aus Liebe zu seinem auserwählten Volk der schuldbeladenen Vielen durch den Opfergang seines Knechtes Rechtfertigung und Heil schaffen will.“

„Für uns“ – warum sind diese beiden Worte im Blick auf Jesu Tod so bedeutsam?

Wir Menschen können so, wie wir von Natur geboren sind, nicht mit Gott in Verbindung treten. Durch einen tiefen Abgrund sind wir von ihm getrennt. Und warum ist das so? Die Bibel zeigt uns die Ursache in der Geschichte vom Sündenfall (1. Mose 3). Man kann sie auch mit einem Liedvers von Jochen Klepper aus dem Gesangbuch benennen:

> Gott wohnt in einem Lichte,
> dem keiner nahen kann.
> Von seinem Angesichte
> trennt uns der Sünde Bann.

Das ist der Grund: der Sünde Bann. Was aber ist damit gemeint? Sünde – das sind ja nicht die mancherlei Betriebsunfälle und Pannen, unser Fehlverhalten und Versagen, unser Schuldigwerden und Schuldigbleiben, all das, was uns reichlich und täglich unterläuft. Sünde – das ist der dunkle Schatten des Getrenntseins von Gott, unserem Schöpfer und Vater. Sünde – das ist der Sund, der Meeresgraben, der ursprünglich zusammengehörende Landteile voneinander trennt, so wie der Große Sund in der Ostsee den Süden Skandinaviens von der deutschen Küste trennt. Sünde – das ist die Lebensweise ohne Gott, die uns immer wieder zu Verhaltensweisen führt, die uns selber oft rätselhaft und unerklärlich erscheinen. Es gibt ja Augenblicke in unserem Leben, wo man nur den einen Wunsch hat, Geschehenes ungeschehen machen zu können, Gesagtes wieder zurückzuholen („Ach, hätte ich doch damals diesen Satz nicht gesagt!"). Es gibt Zeiten, in denen man gerne noch einmal von vorne anfangen möchte, ganz von vorn, ohne die lastenden Schatten der Vergangenheit, ohne alle unsere Fehlentscheidungen und Überreaktionen, ohne das, was durch unsere Schuld falsch gelaufen ist im eigenen Leben wie im Leben anderer.

Sie holt uns immer wieder ein, die Vergangenheit, unsere persönliche wie die unseres Volkes. Wir werden sie aus eigener Kraft nicht los, die Vergangenheit nicht und auch nicht die Schuld, die in sie hineingewoben ist. Es gibt Lasten, die wir nicht abschütteln, Bilder, die wir nicht vergessen können, auch wenn sie uns bis in den Schlaf verfolgen. Kein Mensch kann Schuld vergeben, sich selber nicht und auch anderen nicht. Das, was die Bibel Sünde nennt, sitzt zu tief in unserem Menschenwesen.

Die Theologen des hohen Mittelalters haben noch etwas gewusst von dem unheimlichen, lebenszerstörenden Gewicht der Sünde, von der schweren Last, die sie auf unser Leben legen kann. Denken wir jetzt nur an den Erzbischof Anselm von Canterbury, jenen großen Scholastiker im 11. Jahrhundert, dessen Schrift „Cur Deus homo" (Warum wurde Gott Mensch?) etwas davon ahnen lässt, wie tief der mittelalterliche Mensch unter dem Gewicht der Sünde gelitten hat.

Dieses Sündenbewusstsein von einst ist uns heutigen Menschen längst abhanden gekommen, in einer Zeit, in der man nur noch verharmlosend von „Verkehrssündern" redet oder vom „Sündigen", wenn man ein Tortenstück zu viel gegessen und damit gegen die „schlanke Linie" gesündigt hat. In der Bibel dagegen wird die Sünde mit ihrem ganzen Gewicht ernst genommen. An zahlreichen Stellen, die vom Tod Jesu reden, stehen die Worte „für uns" oder „für unsere Sünden". Jesus, von Gott in unsere Welt gesandt als ein Mensch wie wir, und doch Gottes Sohn geblieben, hat als der einzige Sündlose durch seinen Tod die Macht der Sünde besiegt und die abgebrochene Brücke zu Gott neu errichtet.

Paulus beschreibt das so: „Gott hat den, der von keiner Sünde wusste, für uns zur Sünde gemacht, damit wir in ihm die Gerechtigkeit würden, die vor Gott gilt“ (2. Korinther 5,21). Etwas besser verständlich die „Gute-Nachricht-Bibel“: „Gott hat Christus, der ohne Sünde war, an unserer Stelle als Sünder verurteilt, damit wir durch ihn vor Gott als gerecht bestehen können.“ Einen „seligen Tausch“ hat Martin Luther diese Gottestat genannt. Seit Jesus für unsere Sünde gestorben ist und uns so mit Gott versöhnt hat, müssen wir nicht länger mit unserer Sünde verbunden bleiben. Jesus will den Sünder durch das Wort und die Tat seiner Vergebung von seiner Gottestrennung ablösen und befreien: „Dir sind deine Sünden vergeben“ (Markus 2,5).

Was damals an Jesu Kreuz geschehen ist, gilt ein für allemal. So sagt es Paulus: „Sind wir aber mit Christus gestorben, so glauben wir, dass wir auch mit ihm leben werden … Denn was er gestorben ist, das ist er der Sünde gestorben ein für allemal; was er aber lebt, das lebt er Gott. So auch ihr, haltet dafür, dass ihr der Sünde gestorben seid und lebt Gott in Christus Jesus“ (Römer 6,8–10). Oder anders gesagt: „Christus ist einmal geopfert worden, die Sünden vieler wegzunehmen“ (Hebräer 9,28). Wir müssen uns also nicht länger quälen mit den dunklen Stellen in unserem Leben, sondern dürfen im Glauben annehmen und festhalten, was Jesus durch seinen Tod für uns getan hat.

„Gelitten, gekreuzigt, gestorben, begraben.“ Dieser Beschreibung des irdischen Endes Jesu fügt das Glaubensbekenntnis noch einen weiteren Satz hinzu, einen schwer verständlichen Satz, mit dem viele ernsthafte Christenmenschen ihre Schwierigkeiten haben: „... hinabgestiegen in das Reich des Todes“. Was ist damit wohl gemeint?

Im Grunde ist dieser Satz ein Ausdruck für die umfassende Wirkung des Kreuzestodes Jesu. Im 1. Petrusbrief ist davon die Rede, dass Christus „hingegangen ist und hat gepredigt den Geistern im Gefängnis ...“ (1. Petrus 3,19). Und wieder die „Gute Nachricht: „In diesem Zusammenhang geschah es auch, dass er zu den Geistern ging, die in der Totenwelt gefangen gehalten werden, und ihnen seinen Sieg verkündigte.“ Ganz ähnlich im folgenden Kapitel: „Denn dazu ist auch den Toten das Evangelium verkündigt ...“ (1. Petrus 4,6).

Wolfgang Huber sagt dazu: „Nicht nur die Lebenden und die, die noch ins Leben treten, werden einbezogen in den Sieg über den Tod, sondern auch diejenigen, die bereits in das Dunkel des Todes eingegangen sind; auch sie erreicht das Licht des neuen Lebens. Der Welt des Todes ist die Macht genommen.“ Dieses Wort lässt uns damit rechnen, dass Gott auch denen, die im Reich des Todes gefangen sind, ohne die Botschaft des Heils gehört zu haben, den Weg des Glaubens und damit den Weg zur Erlösung weist.

Ohne Frage: Wir stoßen damit an die Grenzen unserer Erkenntnis und unserer Aussagemöglichkeiten. Aber so viel ist gewiss: Das in Christus den Menschen angebotene Heil wird alle Menschen erreichen, auch die, die auf dieser Erde – aus welchen Gründen auch immer – keine Möglichkeit hatten, sein Wort zu hören.

Es ist ein nicht zu übersehendes Merkmal der Gerechtigkeit Gottes, dass sein Wort auch an die ergeht, die es zu ihren Lebzeiten nicht vernehmen konnten.

Und was soll nun geschehen?

Schon Paulus zieht aus dem Geschehen am Karfreitag die Konsequenzen: „Er ist darum für alle gestorben, damit, die da leben, hinfort nicht sich selbst leben, sondern dem, der für sie gestorben und auferstanden ist" (2. Korinther 5,15). Martin Luther hat diesen Gedanken in seiner Erklärung des Glaubensbekenntnisses aufgenommen und hat die Frage kurz und bündig beantwortet: „... auf dass ich sein eigen sei und in seinem Reich unter ihm lebe und ihm diene ..." Das also soll geschehen, wenn wir in uns aufgenommen haben, was am Kreuz zu sehen ist. Das Sterben Jesu ist für uns die Brücke zu einem neuen Leben. Und zwar deshalb, weil das Kreuz nicht das Letzte ist, was Gott getan hat. Auf Karfreitag folgt Ostern. Gott hat seinen Sohn aus den Toten erweckt. Nun will er, dass wir ihm, dem Lebendigen, folgen auf seinem Weg durch die Welt. Dass wir ihm dienen und ihm helfen bei seinem Werk der Versöhnung an den Menschen unserer Zeit. Dienst für Jesus, den Gekreuzigten und Auferstandenen, das ist die Konsequenz eines recht verstandenen Karfreitags. So meint es auch das Neue Testament: „... damit wir etwas seien zum Lob seiner Herrlichkeit" (Epheser 1,12). Konkret gesprochen: dass ich als ein durch Jesus Christus Versöhnter Versöhnung stifte unter den Menschen, die heute, bis in Ehe und Familie hinein, unter Beziehungskrisen leiden. Dass ich als ein von Gott Geliebter Liebe übe an denen, die unter der Lieblosigkeit und Hartherzigkeit dieser Welt leiden. Dass ich als einer, mit dem Gott am Kreuz seines Sohnes Frieden geschlossen hat, nun den Frieden mit den Menschen suche und zum Frieden helfe unter den Menschen, die heute von der Friedlosigkeit in unserer Welt gezeichnet sind.

Das alles kann und soll geschehen, wenn das Kreuz Jesu Christi in der Mitte unseres Lebens steht und wir von der Liebe des Gekreuzigten leben. Sein Leben und Wirken unter uns Menschen war ein Vorzeichen für das Neue, das jetzt für uns fassbar ist. Sein Sterben am Kreuz macht uns den Rücken frei für ein Leben in seiner Nachfolge. Seine Auferstehungskraft gibt uns die Hände frei zum Dienst an den Menschen. Der Blick auf den Gekreuzigten und Auferstandenen legt uns den Blick frei für den Tag, an dem der in die Niedrigkeit unseres Menschseins Gekommene wieder kommen wird in Herrlichkeit.

Noch eine kleine persönliche Erinnerung: Unübersehbar groß hängt im Chorbogen der Stuttgarter Stiftskirche, in der ich viele Jahre tätig war, das Bild des gekreuzigten Christus. Keiner, der diese Kirche betritt, kann sich dem Eindruck dieses Crucifixus entziehen. Und jede, die einen Rundgang durch das Kircheninnere macht, muss unter den ausgebreiteten Armen des Gekreuzigten hindurchgehen.

Interessant ist, wie die Stiftskirche zu diesem Crucifixus gekommen ist. In den Jahren des Zweiten Weltkriegs, als die Auswirkungen der Naziherrschaft und der Kriegsereignisse immer bedrückender wurden und tiefe Ängste sich unter den Menschen auszubreiten begannen, haben sich die Verantwortlichen der Gemeinde Gedanken darüber gemacht, wie dieser Bedrückung und dieser Angst zu begegnen sei. Das Ergebnis ihrer Überlegungen war eindeutig: „Wir müssen den Gekreuzigten vor Augen haben!“ Wenn es *ein* Zeichen gibt, an dem wir unseren Glauben aufrichten und durch das wir unsere Gemeinde zusammenhalten können, dann ist es das Kreuz Jesu. So kam es dazu, dass dem Künstler Martin Scheible der Auftrag erteilt wurde, diesen Crucifixus zu schaffen. Ein Jahr vor der Zerstörung der Stiftskirche durch einen Bombenangriff auf die Stuttgarter Innenstadt 1943 wurde das Kreuz im Chorbogen der Kirche aufgespannt.

„Den Gekreuzigten vor Augen haben!“ Als meine Frau und ich im Alter nach Blaubeuren in die Nähe einer unserer Töchter zogen, gingen wir dort vom ersten Sonntag an in die schöne alte Stadtkirche St. Peter und Paul. Und was begegnete uns da – im Chorbogen der Kirche? Ein großer Crucifixus! Und – welch eine Überraschung! – vom gleichen Künstler wie der Stuttgarter, 1940 geschaffen. Am Ende des schönen Chorraums unter dem Netzgewölbe steht der „Neubronner Altar“ von 1530. Das mittlere Altarbild zeigt groß den

Gekreuzigten. Und auf der rechten Seite der Kirchenwand sehen wir die große Grabtafel für Matthäus Alber, eine der wichtigen Gestalten der Reformation in Württemberg, erster evangelischer Abt des Klosters Blaubeuren, der in der Stadtkirche bestattet wurde. Die Mitte dieses Epitaphs bildet die Kreuzigungsszene auf Golgatha.

„Den Gekreuzigten vor Augen haben." Mehr noch! Den Gekreuzigten im Herzen haben! So wie es Valerius Herberger in seiner Liedstrophe von 1614 sagt:

> In meines Herzens Grunde
> dein Nam und Kreuz allein
> funkelt all Zeit und Stunde.
> Drauf kann ich fröhlich sein.

... am dritten Tage auferstanden von den Toten ...

In einer großen Tageszeitung war am Samstag vor Ostern ein Artikel über Inhalt und Bedeutung des Osterfestes zu lesen. Sein Anfang: „‚Ostern – das sind für mich schlicht vier freie Tage' – so meinte ein junger Arbeitskollege. ‚Ein Märchen aus alten Zeiten' – so meint der aufgeklärte Verstand, sei die Erzählung von der Auferweckung des gekreuzigten Jesus. Für ein Märchen hielten schon die Apostel zunächst den Bericht über das leere Grab." Soweit das wörtliche Zitat aus der Zeitung. Dann wurden nacheinander Namen von Theologen aufgereiht, die eine solche Sichtweise von Ostern stützen, angefangen bei David Friedrich Strauß im 19. Jahrhundert über Rudolf Bultmann bis hin zu dem Göttinger Theologen Gerd Lüdemann, dessen Thesen vor nicht langer Zeit die Gemüter der Glaubenden bewegt und erschreckt haben. Immerhin kommt der Journalist zum Staunen über die ungeheure Wirkung der Auferstehungsbotschaft, die weit über menschliches Verstehen und Begreifen hinausgeht. Und so schließt er dann seinen Artikel mit dem Satz: „Ostern ist die Geburtsstunde des christlichen Glaubens."

In der Tat: Der Zweifel an dem Osterwunder ist so alt wie das Geschehen selbst. Es gibt in den Ostererzählungen der Bibel keine, durch die nicht der Zweifel zittern würde. Sogar der Begriff „Märchen" erscheint in der alten Lutherübersetzung: „Und es erschienen ihnen diese Worte, als wären's Märchen, und sie glaubten ihnen nicht" (Lukas 24,11). Heute, nach der Revision des Luthertextes von 1984, steht für „Märchen" das Wort „Geschwätz": „Und es erschienen ihnen diese Worte als wär's Geschwätz …" (so auch die Einheits-Übersetzung; die „Gute Nachricht" sagt: „… leeres Gerede"). Zu groß ist das, was damals geschehen ist, zu einmalig, zu unvorstellbar, als dass man dazu ohne Schwierigkeiten einen Zugang finden könnte. Und so haben sie alle ihren Fragen und Zweifeln Raum gegeben: die Frauen an Jesu Grab, die verschüchterten Jünger, der zweifelnde Thomas und die beiden Wanderer auf dem Weg nach Emmaus. Und doch haben sie alle erfahren, was in unseren Tagen der Journalist in der Zeitung geschrieben hat: „Ostern ist die Geburtsstunde des christlichen Glaubens."

Auch Paulus, der Apostel Jesu Christi in der Frühzeit der Christenheit, hat nach seiner denkwürdigen Begegnung mit Jesus vor Damaskus, die aus dem Verfolger Saulus den Bekenner Paulus gemacht hat (Apostelgeschichte 9,1–19), diesen Korridor von Zweifeln und Widerspruch durchschritten, bis er am Ende sagen konnte: „Durch Gottes Gnade bin ich, was ich bin. Und seine Gnade ist an mir nicht vergeblich gewesen" (1. Korinther 15,10). Unzählige Menschen haben durch Paulus und nach Paulus den Weg vom Zweifel zum Glauben gefunden und sind, wie einst

die Jünger Jesu, zu Zeugen des auferstanden Christus geworden. Zu Zeugen, die bis heute dafür eintreten, dass auf der fundamentalen Gottestat am Ostermorgen unser persönlicher Glaube und die ganze christliche Kirche steht. Wenn in unseren Kirchen seit den Zeiten der Urchristenheit Sonntag für Sonntag Gottesdienste stattfinden, in denen Gottes Wort verkündigt wird, wenn in Jugendgruppen, Hauskreisen und Gemeinschaftsstunden sich Menschen treffen, die einen neuen Weg für ihr Leben suchen oder gefunden haben, dann hat diese Bewegung allein darin ihren Grund, dass Jesus Christus auferstanden ist und dass er lebt. Ohne dieses Osterereignis gäbe es kein Osterzeugnis. Die Säule der Auferstehung Jesu trägt den Christenglauben und die christliche Kirche. „Wir haben es bei der Auferstehung Jesu mit dem tragenden Fundament des christlichen Glaubens zu tun“ (Wolfhart Pannenberg).

Für mich ist die Begegnung mit einem alten Bauwerk zum Beispiel für dieses Geschehen geworden: Ganz am Rand des weiten Domplatzes in Fulda liegt die altehrwürdige Kirche St. Michael. Man kann sie fast übersehen, denn der ganze Platz wird beherrscht von dem imposanten Gebäude des Doms, das die Grabstätte des Germanenmissionars Bonifatius umschließt. Doch man wird diese kleine Kirche nicht wieder vergessen, wenn man diesen eindrucksvollen karolingischen Rundbau einmal besucht und besichtigt hat. Wer dort in das geheimnisvolle Dunkel der Krypta hinabsteigt, hat es vor Augen: der ganze Kirchenbau, der nun schon mehr als zwölf Jahrhunderte überdauert hat, wird von einer einzigen Säule getragen. Von dieser wuchtigen Rundsäule aus schwingen sich schwere Gewölbe nach oben und tragen die Kirche. Würde man die Säule herausnehmen, müsste der ganze Bau einstürzen.

Was wir an diesem alten Bauwerk in Fulda beobachten, kann für uns ein Abbild der christlichen Kirche werden. Die tragende Säule der Kirche ist das Auferstehungsgeschehen vom ersten Ostertag: „... am dritten Tage auferstanden von den Toten." Ein Vertreter der neutestamentlichen Wissenschaft, Leonhard Goppelt, hat noch ein weiteres Bild für dieses Geschehen eingeführt. Er schrieb, dass dieser Satz unseres Glaubensbekenntnisses so etwas wie der „Mauerhaken" sei, an dem das ganze Bekenntnis der Christen hängt: „An Gott glauben heißt für Christen, an den Gott glauben, der Jesus Christus von den Toten auferweckt hat." Wie ein Bergsteiger an einer steil aufragenden Felswand an einem Haken Halt findet, den andere vor ihm in die Wand eingeschlagen haben, so hängt an dem Haken der Auferweckung Jesu von den Toten für uns Christen schlechthin alles. Durch diesen Mauerhaken läuft das Seil unseres Glaubens, das uns trägt über dem Abgrund der Angst und das die Kirche hält in den Wirren unserer Welt und Zeit. „Gott hat Jesus Christus auferweckt von den Toten" – dieser Satz des Paulus (Römer 4,24; 8,11) bedeutet Leben, er vermittelt Hoffnung. Seit Ostern gibt es einen Mauerhaken, in den wir unser Leben einklinken können, eine Säule, auf der unsre Kirche steht, ein Wort, das Hoffnung begründet.

Im 1. Korintherbrief begegnet uns im 15. Kapitel ein Abschnitt, in dem holzschnittartig festgehalten ist, was es mit diesem Mauerhaken der Christen auf sich hat: „Denn als erstes habe ich euch weitergegeben, was ich auch empfangen habe: dass Christus gestorben ist für unsere Sünden nach der Schrift; und dass er begraben worden ist; und dass er auferstanden ist am dritten Tage nach der Schrift; und dass er gesehen worden ist von Kephas, danach von den Zwölfen" (1. Korinther 15,3–5). Paulus zitiert hier eine Bekenntnisformel der Urchristenheit, die er selbst bereits als Tradition übernommen hat. „Sie stammt ihrer sprachlichen Gestalt nach aus der aramäisch sprechenden palästinischen Urkirche" (Leonhard Goppelt). Paulus erinnert hier zuerst an das Evangelium, die „gute Nachricht" (Vers 1), die er einst selber nach Korinth gebracht hat. Er entfaltet dann diese Nachricht in doppelter Weise:

Jesu Auferstehung – ein Geschehen, das Hoffnung begründet

Was an Ostern geschah, ist ein fundamentaler Bestandteil des Evangeliums von Jesus Christus, der von Gott in diese Welt kam, der ein Mensch wurde wie wir, der als der Gekreuzigte aus dem Tode erweckt wurde und der als Richter und Retter der Welt am „Jüngsten Tage" wiederkommen wird. Dieses Evangelium, diese „gute Nachricht" hat ihren Grund in dem, was Gott getan hat und was die Gemeinde der Christen von ihren ersten Anfängen an als Bekenntnis ihres Glaubens festgehalten hat. Diese Sätze, von Paulus in seinem Brief nach Korinth aufgenommen, sind keine Privaterkenntnisse eines besonders erleuchteten Menschen. Sie sind ein Stück des Glaubensgutes der frühesten Christenheit, älter als die älteste Schrift, die uns im Neuen Testament überliefert ist. Wir haben in diesen Sätzen keine Spekulationen vor uns, die menschlichen Gehirnen entsprungen sind, sondern ein Geschehen, das Gott selber seiner Gemeinde als Lebenszeichen und dieser Welt als Hoffnungszeichen gegeben hat.

Darum ist es auch wichtig, dass die einzelnen Stationen dieses urchristlichen Bekenntnisses in den Glaubensurkunden des alten Volkes Israel verankert sind: „... dass Christus gestorben ist für unsre Sünden nach der Schrift". Hier klingt unverkennbar das Lied vom Gottesknecht aus Jesaja 53 an: „Aber er ist um unserer Missetat willen verwundet und um unsrer Sünde willen zerschlagen. Die Strafe liegt auf ihm, auf dass wir Frieden hätten, und durch seine Wunden sind wir geheilt" (Jesaja 53,5). „Und dass er auferstanden ist am dritten Tage nach der Schrift" – das weist hin auf ein Wort des Propheten Hosea: „Er macht uns lebendig nach zwei Tagen, er wird uns am dritten Tage aufrichten, dass wir vor ihm leben werden" (Hosea 6,2). Was an Ostern geschah, das ist – wie schon die Kreuzigung Jesu – „für uns" geschehen. Eine lange Reihe von Zeugen, die Paulus nennt, tritt für die Wahrheit dieses Geschehens ein. Mehr als 500 Personen sind es, die in den Zeugenstand gerufen werden. Menschen, die nach der Katastrophe der Kreuzigung durch die Begegnung mit dem auferstandenen Christus neue Zuversicht gewonnen haben, weil ihnen ein fester Grund ihrer Hoffnung erschlossen wurde. Sie waren befreit aus der Atemnot des Zweifels, sie konnten aufatmen in der frischen Luft lebendiger Hoffnung. „Was der Sauerstoff für die Lunge, das bedeutet die Hoffnung für unser menschliches Leben. Nimm den Sauerstoff weg, so tritt der Tod durch Ersticken ein. Nimm die Hoffnung weg, so kommt die Atemnot über den Menschen, die Verzweiflung heißt, die Lähmung der seelisch-geistigen Spannkraft durch ein Gefühl der Sinnlosigkeit des Lebens. Der Vorrat an Hoffnung entscheidet über das Schicksal der Menschheit. Hoffnung ist die positive, Angst die negative Weise der Erwartung des Zukünftigen“ (Emil Brunner).

Wer dem auferstandenen Christus in seinem Wort und durch seinen Geist begegnet ist, muss nicht einem Verstorbenen nachtrauern, er darf einem Lebendigen nachfolgen. Darum besteht das Zeugnis der Zeugen Jesu Christi nicht in Nachrufen auf den, der ihnen durch den Tod am Kreuz entrissen wurde. Es ist vielmehr die Einladung zur Lebensgemeinschaft mit dem lebendigen Christus, den Gott von den Toten auferweckt hat. In seinem Wort, im Abendmahl, im Gebet, in der Gemeinschaft der Glaubenden setzt der auferstandene Herr seine Lebenszeichen, die uns immer wieder neue Hoffnung ins Herz pflanzen, weil sie auf ihn, den Lebendigen, verweisen und uns zu ihm führen. „Ostern ist die Alternative der Hoffnung zur verbreiteten Hoffnungslosigkeit und Lebensmüdigkeit unserer Zeit ... Das ganze Leben eines Christen soll österlich sein. Die Auferstehung soll darum gegenwärtig werden mitten im Alltag. Immer dort, wo jemand sein Schicksal annimmt, es aus einer letzten Zuversicht geduldig und tapfer schultert und trägt, wo Eltern dem neuen Leben eines Kindes trotz Schwierigkeiten und Widerständen eine Chance geben, es annehmen und großziehen, wo langes Schweigen und vielleicht auch die Feindschaft, wo die Sprachlosigkeit aufgebrochen, wieder neu Kontakt und Kommunikation aufgenommen wird und Versöhnung geschieht, wo einer aus einem verpfuschten Leben ausbricht und einen neuen Anfang setzt, überall dort und in vielen anderen ähnlichen Situationen ereignet sich mitten im Alltag anfangshaft Auferstehung, bricht Hoffnung auf" (Kardinal Walter Kasper).

Jesu Auferstehung – ein Geschehen, das Zukunft eröffnet

Zahllose Menschen haben durch Jahrhunderte hindurch als Zeugen des auferstandenen Christus gelebt, gewirkt, und durch ihr Wort wie durch ihr Leben Zeichen einer neuen Zukunft gegeben. Einer der ersten von ihnen war Paulus selbst, dem wir die Briefe an die Gemeinde in Korinth verdanken. Er, der einst die junge Christengemeinde verfolgt, tritt nun selbst in den Zeugenstand. Aus dem Christenverfolger war er zum Christuszeugen geworden: Ich stehe ein für die Wahrheit des Auferstehungsgeschehens! Vor den Augen des Paulus werden Bilder aus seiner Vergangenheit lebendig: Jerusalem und die Steinigung des

Stephanus, Städte und Dörfer an der Straße nach Norden, und schließlich Damaskus, das Ziel seiner Reise. Dort geschah es, dass der Auferstandene dem Verfolger Saulus in den Weg trat: „Saul, Saul, was verfolgst du mich?“ (Apostelgeschichte 9,4). Dieser Anruf hat das Leben des Saulus von Grund auf verändert und erneuert. Der einstige Verfolger der Christen hatte jetzt nur noch eine Botschaft: „Lasst euch versöhnen mit Gott!“ (2. Korinther 5,20). Als Bote der Versöhnung war er unterwegs durch Länder und über Meere, unterwegs mit der einen Botschaft, dass Jesus, der Gekreuzigte, lebt und als der Auferstandene wirkt, indem er uns den Weg in eine neue Zukunft öffnet.

Paulus ist als Bote dieser guten Nachricht, dieses Evangeliums, nicht allein geblieben. Sein Botendienst hat sich fortgesetzt durch die Jahrhunderte, durch die ganze Geschichte der Kirche. Bis zum heutigen Tag sind in allen Teilen der Erde Menschen mit dieser guten Nachricht unterwegs. Viele haben in diesem Dienst ihr Leben riskiert und sind zu Märtyrern geworden. Aber ihre Botschaft ist nicht verstummt. Wenn auch in unserer Gegenwart auf vielen Kanzeln und an offenen Gräbern die Hoffnung auf die Auferstehung der Toten bezeugt wird, dann ist das ein Widerschein jenes Geschehens von Ostern, das uns eine neue Zukunft eröffnet.

Wo Menschen sich dieser Botschaft öffnen, werden von ihrem Leben Kräfte der Veränderung und Erneuerung ausgehen. Da werden sich Herzen und Hände öffnen, Haustüren und Wohnungstüren. Da können sich Zellen neuer Hoffnung bilden mitten in einer Welt voller Krisen. Dann, wenn jemand sich Zeit nimmt für einen anderen Menschen, ihn anhört und ihn ein Stück weit begleitet auf seinem Weg. Es werden Stationen der Hoffnung entstehen, wenn man einander Hilfe leistet durch Seelsorge und Fürsorge. Und immer wieder geschieht es, dass Menschen diese Hoffnung auch in den Bereich öffentlicher Verantwortung mitnehmen, indem sie ihre Hoffnung gegen die weit verbreitete Resignation setzen – in Rathäusern, Schulhäusern und Krankenhäusern. Ergriffen und bewegt von dieser Hoffnung kann ein Mensch einem anderen zum Nächsten werden und auf diese Weise zeigen, dass seit Ostern das Wort von der Zukunft kein leeres Wort ist, sondern ein Wort ist, das zu einem neuen Leben führt, das über den irdischen Tod hinausreicht.

Diese Botschaft hat auch eine „politische Bedeutung“. Der Auferstandene setzt unsere Füße auf den Weg des Friedens. Er macht uns in allen Bereichen des privaten und öffentlichen Lebens zu Zeugen der Versöhnung, die er gewirkt hat. Weil er lebt und für uns gegen alle Gewalten des Todes eintritt, lohnt es sich, für Frieden, Versöhnung, Gerechtigkeit und Erhaltung der Schöpfung aufzustehen, einzustehen und redlich zu arbeiten. Die Welt geht nicht zum Teufel, weil Tod und Teufel an Ostern besiegt sind. Diese Botschaft aktiviert uns, sie verscheucht unsere fatalistische Resignation. Der Auferstandene gibt Gelingen. „Hoffnung lässt nicht zuschanden werden“ (Römer 5,5).

Eine letzte Frage noch. Der Zweifel an der Osterbotschaft – davon sind wir ausgegangen. Deshalb am Ende noch einmal ganz ernsthaft die Frage: Kann man dem Auferstehungszeugnis der Bibel, kann man den Worten der Apostel, dem Wort des Paulus und aller übrigen Zeugen wirklich glauben? Kann man darauf im Ernst sein Leben gründen? Ich antworte auf diese Frage mit einem Satz, den ein katholischer Theologe unserer Tage geschrieben hat: „Der Glaube der Christen fängt nicht dort an, wo der Verstand aufhört, sondern da, wo unser Widerstand aufhört.“

Demnach ist der Glaube an Christus und an seine Auferstehung von den Toten letztlich keine Frage der intellektuellen Denk- und Vorstellungsmöglichkeit, sondern eine Frage nach unserer Hingabe an eine Wahrheit, die „höher ist als alle Vernunft“ (Philipper 4,7).

Eine kleine Begebenheit zum Schluss: Einer meiner Bischofskollegen aus den neuen Bundesländern, Werner Krusche aus Magdeburg, hat sie erzählt. Bei einer Besichtigung des Magdeburger Doms durch eine Schulklasse während der Jahre des DDR-Regimes blieb ein Schüler vor dem Altar stehen. Er deutete auf das Kreuz auf der Weltkugel, das dort auf dem Altar steht. Dann fragte er den Lehrer: „Was bedeutet denn das Pluszeichen über der Welt, das auf dem Altar zu sehen ist?“ Ich finde: schöner, treffender kann man Karfreitag und Ostern, Kreuzigung und Auferstehung Jesu Christi nicht beschreiben: das Pluszeichen Gottes über dieser Welt, weil der Gekreuzigte auferstanden ist.

Der Herr ist auferstanden!
Er ist wahrhaftig auferstanden!
Halleluja.

… aufgefahren in den Himmel; er sitzt zur Rechten Gottes, des allmächtigen Vaters …

„Aufgefahren in den Himmel" – wie soll man sich das nur vorstellen? Wer von uns, wenn wir ehrlich sind, hat denn keine Denkschwierigkeiten, wenn er oder sie beim Sprechen des Glaubensbekenntnisses an diese Stelle kommt? Dürfen wir das wirklich so schlicht, ja fast möchte ich sagen, so „naiv" nehmen, wie es in den biblischen Texten steht, dass Jesus vor den Augen seiner Jünger aufgehoben wurde und in einer Wolke verschwand? Menschen wie wir, die ganz dem naturwissenschaftlichen Denken verhaftet sind, haben damit ihre Schwierigkeiten, zumal im Zeitalter der Weltraumflüge. Wir vergeben uns nichts, wenn wir eingestehen, dass wir mit dem Wort „Himmelfahrt" unsere Probleme haben.

Das fängt schon bei der Begrifflichkeit an. Wo ist eigentlich der Himmel? Ist der Himmel oben? Wo aber ist oben, wo unten, wenn wir wissen, dass die Erde eine Kugel ist? Hat sich nicht seit Kopernikus, spätestens aber seit dem Eintritt in das Zeitalter der Weltraumfahrt, die biblische Vorstellung überholt, dass wir „trachten" sollen nach dem, „was droben ist, nicht nach dem, was auf Erden ist" (Kolosser 3,2)? Ist die Bibel nicht in einem hoffnungslos veralteten Weltbild gefangen, und sind mit ihren überholten Vorstellungen nicht auch ihre Inhalte überholt?

Der Theologe Rudolf Bultmann (1884–1976) hat diese Frage schon vor Jahrzehnten in aller Schärfe gestellt und er hat sie dann auf seine Weise beantwortet. Nicht wenige Theologen sind ihm auf diesem Weg gefolgt. Aber nicht nur sie. Es gibt viele, auch unter den Spöttern und Zynikern unserer Zeit, die sich auslassen über die technische Unmöglichkeit einer „Himmelfahrt". Gemessen an den riesenhaften Entfernungen der galaktischen Systeme müsste der zum Himmel Gefahrene noch heute dorthin unterwegs sein, so sagen sie voller Spott und Häme. Deshalb noch einmal die Frage: Ist der Himmel oben?

Und eine weitere Frage, die uns Schwierigkeiten bereitet: Kann man die Himmelfahrt Christi denn beweisen? Manche haben das versucht. Ich erinnere mich an den Augenblick, als ich bei einer meiner Reisen nach Israel oben auf dem Ölberg stand vor den Toren der Stadt Jerusalem, wo nach alter Tradition der Ort der Himmelfahrt Jesu angenommen wird. Dort zeigt man jedem Besucher auf dem felsigen Boden der Himmelfahrtskapelle einen Fußabdruck, der entstanden sein soll, als Jesus zum Himmel fuhr. Ich habe mir damals extra eine Postkarte davon gekauft, um ein Bild dieses Ortes mit nach Hause zu bringen. Doch was ist das für eine fragwürdige Angelegenheit – Himmelfahrtsglaube auf Grund eines Fußabdrucks? Nein, es ist uns nicht gedient mit solchen scheinbar „sicheren Beweisen". Sie helfen dem Glauben nicht.

Und dennoch: Zu allen Zeiten haben Menschen dem „Himmel“ besondere Aufmerksamkeit geschenkt. So war vor einiger Zeit in den Zeitungen zu lesen, dass die europäische Raumfahrtbehörde ESA zwei Superteleskope, die größten, die jemals gebaut wurden, ins Weltall geschickt hat; schon eine halbe Stunde nach ihrem Start haben sie die ersten Signale zur Erde gesandt. Wenig später berichtete das Fernsehen, dass die Mannschaft für den nächsten bemannten Raumflug nach langen Vorbereitungen ausgewählt und bestimmt wurde: insgesamt sechs Personen. Der Andrang der Bewerber war riesengroß: Achttausend Menschen hatten sich beworben. Der Weltraum übt offenbar eine sagenhafte Faszination auf die Menschheit aus.

Und daneben die Christen, die Jahr für Jahr die Himmelfahrt Christi feiern. Himmelfahrt und Weltraumfahrt, was hat das miteinander zu tun? Stehen diese beiden Größen nicht in Konkurrenz zueinander? Oder sind die biblischen Berichte über die Himmelfahrt durch die Entwicklung der Luft- und Raumfahrt gar in Frage gestellt? Vielleicht sogar überholt?

Nichts von alledem! Himmelfahrt Christi und moderne Weltraumfahrt sind zwei völlig verschiedene Ereignisse, die nur den Namen und die Vorstellung gemeinsam haben. Die Himmelfahrt Christi, von der uns vor allem der Evangelist Lukas am Ende seines Evangeliums und am Beginn der Apostelgeschichte Kunde gibt, ist ein Unternehmen Gottes. Es ist die Heimkehr des irdischen Jesus in die himmlische Welt

Gottes, seines Vaters. Diese Welt Gottes ist kein geographischer Ort in planetarischen oder galaktischen Räumen. Und die biblische Himmelfahrt hat nichts mit Weltraumbahnhöfen wie Cap Canaveral und mit modernen Raumfähren zu tun. Mit „Himmel" bezeichnen die Autoren der Bibel nicht nur den Sternenhimmel, den wir sehen, sondern die Sphäre Gottes, die unseren Augen verborgen ist. Dieser Raum Gottes umfasst ganz andere, viel weitere Dimensionen, als wir Menschen sie denken und uns vorstellen können. Schon im Alten Testament finden wir Hinweise auf diese göttliche Dimension, etwa das Tempelweihgebet des Königs Salomo: „Siehe, der Himmel und aller Himmel Himmel können dich nicht fassen" (1. Könige 8,27). Die modernen Weltraumflüge dagegen sind riesenhafte und milliardenschwere Unternehmungen von Menschen zur Gewinnung neuer Erkenntnisse und Einsichten über unseren Planeten Erde und über das Weltall, in dem er sich bewegt.

Die deutsche Sprache ist an dieser Stelle zu arm, um die beiden so sehr unterschiedlichen Größen auseinanderzuhalten. Die Engländer und Amerikaner haben es hier einfacher. Sie können verschiedene Begriffe benutzen für das, was wir mit ein und demselben Wort „Himmel" bezeichnen. Sie sprechen von „heaven", wenn sie die unsichtbare Welt Gottes meinen, also eine geistliche, keine kosmische Dimension. Deshalb beginnt das Vaterunser in der englischen Sprache mit den Worten „Our father in heaven" – unser Vater im Himmel. Von „sky" dagegen reden sie, wenn sie den sichtbaren Horizont auf der Erde meinen, den atmosphärischen Himmel, das Firmament mit seinen Wolken und Sternen und mit den Kondensstreifen der Düsenflugzeuge. Deshalb die „skyline" von New York, die Wolkenkratzersilhouette, deren Hochhäuser in den Himmel ragen. Deshalb „skyguide" als Bezeichnung der Behörde in der Schweiz, die den Luftraum überwacht. Und deshalb auch die „sky-Märkte" in manchen Städten und Dörfern in Deutschland, deren Angebote für viele Menschen so etwas wie „der Himmel auf Erden" sind.

Wenn von der Himmelfahrt Christi die Rede ist, dann spricht das Glaubensbekenntnis von jenem geheimnisvollen Geschehen, das den Übergang des auferstandenen Christus aus der sichtbaren Menschenwelt in die unsichtbare Welt Gottes markiert. Himmel, das ist die Bildersprache, wie sie oft in der Bibel gebraucht wird, wenn Vorgänge und Zustände beschrieben werden, von denen wir Menschen – noch – keine rechte Vorstellung haben. Der große Missionstheologe Karl Hartenstein (1894–1952) hat dazu einmal geschrieben: „Seit die Gemeinde Gottes auf Erden Himmelfahrt feiert, hat sie den Zugang zur unsichtbaren Welt wieder erhalten." So ist es in der Tat. Himmelfahrt ist die Konsequenz von Ostern. Der auferstandene Christus lebt nicht mehr unter den Bedingungen von Raum und Zeit dieser Welt. Dass die Alten einst so gedacht und geschrieben haben, sollte uns heute nicht wundern oder zu überlegenem Spott veranlassen. In welchem Weltbild hätten sie sich auch ausdrücken sollen wenn nicht in dem ihrer Zeit? So haben sie die Wahrheit, die sie erfahren haben, eingezeichnet in das Bild ihrer damaligen Welt.

Hören wir zum theologischen Zusammenhang der Ereignisse noch einmal auf den Tübinger Neutestamentler Peter Stuhlmacher: „Nach Paulus endet das Heilswerk Gottes in und durch Christus nicht mit dem Sühnetod und der Auferweckung Jesu. Vielmehr setzt mit der an Jesus im Voraus verheißungsvoll verwirklichten Auferstehung der Toten (vgl. 1. Korinther 15, 4.20; Römer 1,4) die dritte christologische Bewegung an. Sie beschreibt das Werk des erhöhten Christus bis zur Parusie." Einen Hinweis darauf finden wir schon im biblischen Text Apostelgeschichte 1,10.11. Die „Zeugen" der Himmelfahrt Christi wehren sich dagegen, dass die Jünger nur in den Himmel starren und ihrem Herrn nachschauen, der ihnen entschwindet: „Ihr Männer von Galiläa, was steht ihr da und seht zum Himmel?… Da kehrten sie nach Jerusalem zurück von dem Berg…" Sie wollten damit sagen: Hier auf dieser Erde beginnt nun eure Aufgabe, das Werk der Mission.

Himmelfahrt. Wenn wir diesem Ereignis nähertreten wollen, müssen wir uns durch die biblischen Texte, die darüber berichten, in unseren herkömmlichen Vorstellungen korrigieren lassen.

Wir gehen im Allgemeinen davon aus, dass bei einer Himmelfahrt zuerst und vor allem etwas zu sehen ist. Das ist in der Bibel anders. Dort gibt es in dem Bericht über die Himmelfahrt Christi zunächst etwas zu hören. Nur ganz kurz und knapp wird das Geschehen der Himmelfahrt beschrieben: „Und es geschah, als Jesus sie segnete, schied er von ihnen und fuhr auf zum Himmel“ (Lukas 24,51). Das ist alles. Am Beginn der Apostelgeschichte wird – auch von Lukas – dem noch hinzugefügt, dass „eine Wolke“ Jesus aufnahm (Apostelgeschichte 1,9).

Es gibt also nicht viel zu sehen, dafür aber umso mehr zu hören. Jesus hat von seinen Jüngern keinen „französischen Abschied“ genommen. Er war nicht einfach verschwunden, ohne ein Wort zu sprechen. Sein Übergang in die Sphäre Gottes geschah nicht unversehens. Er war auch keine plötzliche Flucht. Lukas, der Evangelist, zeigt uns, dass und wie Jesus seinen Abschied vorbereitet hat. Das tat er zunächst mit Worten, ähnlich, wie wir es in den Abschiedsreden Jesu im Johannesevangelium Kapitel 14 bis 17 lesen. Aber dies war es nicht allein. Lukas spricht dazu hin von einer Gebärde des scheidenden Jesus: „Und er hob die Hände auf und segnete sie. Und es geschah, als er sie segnete, schied er von ihnen und fuhr auf gen Himmel“ (Lukas 24,50.51). Der segnende Christus – das ist das Letzte, was die Jünger von ihrem Herrn zu sehen bekamen. Der Segen – das ist das Vermächtnis des zu seinem Vater heimkehrenden Christus für alle, die ihm nahe sind. Wie der Pfarrer oder die Pfarrerin am Ende eines Gottesdienstes die Hände erhebt und die versammelte Gemeinde für ihren Weg durch die beginnende Woche segnet, so segnete der in Gottes Himmel Zurückkehrende seine Jünger und seine Gemeinde. So rüstet und stärkt er sie für den Weg ihres Zeugendienstes in der Welt zwischen Himmelfahrt und Wiederkunft.

Es ist eine dreifache Gestalt, ein dreifacher Inhalt des Segens, mit dem der scheidende Herr seine Jünger zurücklässt. Wir stehen hier vor dem Vermächtnis des erhöhten Herrn für seine Gemeinde auf der Erde.

1. Die geöffnete Schrift.

„Da öffnete er ihnen das Verständnis, so dass sie die Schrift verstanden" (Lukas 24,45). Es war ja in den zurückliegenden Wochen so vieles auf die Jünger Jesu eingestürmt. Vieles, was sie nicht verstehen und in ihre Gedankenwelt einordnen konnten: Ihr Herr, dem sie gefolgt waren, musste den Tod am Kreuz erleiden. Dann kam nach drei Tagen die Nachricht von seiner Auferstehung. Und schließlich war er selbst, der Auferstandene, im Kreis der Jünger erschienen und hatte sich ihnen gezeigt.

Das ist mehr, als ein Mensch verstehen kann. Denn es geht weit über die menschliche Erfahrung hinaus. In ihrer Bibel, unserem Alten Testament, war zwar an einer Reihe von Stellen angezeigt, was an Karfreitag, Ostern und Himmelfahrt geschehen wird. Jesus selbst hatte seinen Jüngern immer wieder vorausgesagt, dass er „zum Vater gehen" wird. Aber sie hatten ihn nicht verstanden (Lukas 18,34). Deshalb erklärt Jesus, ehe er sie verlässt, noch einmal, dass sein Weg, den er gehen musste, Gottes Weg ist, ein Weg zum Heil der Menschen. „Es muss alles erfüllt werden", sagt er ihnen. Mehrmals erscheint gegen Ende des Lukasevangeliums dieses göttliche „muss“. Lukas, der Evangelist der Heilsgeschichte, hat gerade diese innere Zwangsläufigkeit des Geschehens besonders betont.

Die geöffnete Schrift, der Blick in die großen Zusammenhänge des Heilshandelns Gottes, das gehört zu dem Vermächtnis des erhöhten Christus, zu dem Segen, mit dem der in Gottes Welt Zurückkehrende seine Jünger verlässt. Wo er die Schrift öffnet, wo er die Zusammenhänge erklärt, wo er das göttliche „muss“ verdeutlicht, entsteht Gewissheit des Glaubens. Eine Gewissheit, die dem Glaubenden festen Grund unter die Füße gibt.

2. Die Berufung zum Zeugendienst.

„Seid dafür Zeugen“, so steht es am Ende des Lukasevangeliums (24,48). Und am Beginn der Apostelgeschichte lesen wir: „Ihr werdet meine Zeugen sein“ (1,8). Die Zeit zwischen der Himmelfahrt und dem Wiederkommen des erhöhten Christus ist die Zeit der Ausbreitung des Evangeliums, die Zeit der Kirche und ihrer Mission. Die Zeit, in der die Zeugen Jesu Christi am Werk sind.

„Seid dafür Zeugen.“ Hier sind Menschen angesprochen, die mit Jesus in seinen Erdentagen unterwegs gewesen waren, die sein Wort gehört und seine Wunder gesehen hatten. Es sind dieselben, die wenige Wochen zuvor den Mann am Kreuz allein gelassen hatten. Und es sind noch einmal dieselben, die der Auferstandene danach neu in seine Gemeinschaft aufgenommen hatte. Diese Handvoll Menschen, die Jesus bei seiner Himmelfahrt zurücklässt, bilden die Urzelle jener unübersehbar langen Kette von Zeugen, von Männern und Frauen, die sich durch die ganze Geschichte der christlichen Kirche zieht und zu der wir heute gehören dürfen.

Ein Zeuge, eine Zeugin steht ein für die Wahrheit eines Geschehens. Sie haben zu berichten von dem, was sie selber gehört oder gesehen haben. Was aber macht einen Zeugen glaubwürdig? Wenn man ihm abspürt, dass er selbst von dem betroffen ist, was er erlebt hat.

Die Kirche lebt davon, dass zu allen Zeiten Menschen bereit sind, von dem zu reden und dafür einzutreten, was Gott für uns Menschen getan hat. Nicht mit Worten allein soll dieses Zeugnis ausgerichtet werden. Das ganze Leben des Zeugen soll ein glaubwürdiger Hinweis auf Christus sein. Dieser Auftrag zum Zeugendienst hat heute ebenso Geltung wie an jenem Tag der Himmelfahrt Jesu in der Vergangenheit. Aber – das ist nun die Frage: Wie können wir heute, in unserer Zeit, diesem Auftrag gerecht werden? Deshalb noch ein weiteres Vermächtnis des in seiner Himmelfahrt erhöhten Christus an seine Gemeinde.

3. Die Verheißung des Heiligen Geistes.

Woher nehmen Christen die Kraft, einen solchen Auftrag durchzuführen? Sie erfahren ja immer wieder, dass es Phasen der Angst und der Unsicherheit gibt.

Auch Christen kennen seelische, geistliche, manchmal auch körperliche Überforderungen. Da ist es tröstlich, dass der von den Seinen scheidende Jesus seinen Jüngern nicht nur Aufträge erteilt, sondern ihnen auch die Kraftquelle zeigt, die ihnen und uns zur Verfügung steht: „Und siehe, ich will auf euch herabsenden, was mein Vater verheißen hat. Ihr aber sollt in der Stadt bleiben, bis ihr ausgerüstet werdet mit Kraft aus der Höhe“ (Lukas 24,49).

„Kraft aus der Höhe.“ Oder anders gesagt: „Die Kraft des Heiligen Geistes“, so am Beginn der Apostelgeschichte (1,8). „Kraft aus der Höhe“ – das ist er selber, der erhöhte Herr, der „sitzt zur Rechten Gottes, des allmächtigen Vaters“. „Diese Aussage spielt an auf das Wort von Psalm 110,1: „Setze dich zu meiner Rechten, bis ich deine Feinde zum Schemel deiner Füße mache.“ „Der Platz zur Rechten des Herrschers ist im Alten Orient dem vorbehalten gewesen, der der Macht des Herrschers am nächsten stand und sie im Namen des Herrschers ausübte“ (Wolfhart Pannenberg).

Jesus ist nach seiner Himmelfahrt zwar den Blicken der Menschen entschwunden. Aber er ist uns durch seinen Geist ganz nahe. Er ist bei uns „alle Tage bis an der Welt Ende“ (Matthäus 28,20). Himmelfahrt will uns lehren, mit dem auferstandenen Christus auf dieser Erde zu leben, seine Verborgenheit auszuhalten und seiner geheimen Nähe zu vertrauen. Gleichzeitig gewinnt unser Glaube durch das Geschehen der Himmelfahrt Christi einen neuen Horizont der Weite. Gottes Herrschaft meint die ganze Welt, von Jerusalem bis an die Enden der Erde (Apostelgeschichte 1,8). Die Zeit der Kirche und ihrer Zeugenschaft für Christus, das Zeitalter der Völkermission, das bis zur Wiederkunft Christi reicht, beginnt.

Die Himmelfahrt Christi ist kein stratosphärisches Spektakel. Sie ist ein hervorgehobener Akt in Gottes Heilshandeln mit der Menschheit, ein Akt, der unseren Blick und unser Ohr hinlenken will auf die Möglichkeiten Gottes. Der Karfreitag hat uns gezeigt: Jesus Christus versöhnt. Ostern sagt: Jesus Christus lebt. Und Himmelfahrt fügt dem hinzu: Er regiert. Er hat sich mit seiner Himmelfahrt nicht aus dieser Welt abgemeldet. Er hat seinen Herrschaftsanspruch angemeldet. Darum ist der Tag der Himmelfahrt, den die Christenheit seit dem 4. Jahrhundert Jahr für Jahr begeht, kein Abschiedsfest und kein Schlusspunkt. Er hat eher den Charakter eines Doppelpunkts: Es geht weiter, denn Christus „sitzt zur Rechten Gottes". Er ist bei Gott, dem Allmächtigen, und er ist zugleich nahe bei uns. Er ist im Himmel und auf Erden. Darum gilt, was der Theologe Gottfried Voigt schreibt: „Die Kirche lebt nicht von Erinnerungen an einen Vergangenen. Das Geheimnis ihrer Geschichte ist der Christus praesens." Das Gleiche beschreibt auch ein Vers des zeitgenössischen Dichters Detlev Block:

Das Reich, in das du wiederkehrst
ist keine ferne Höhe.
Der Himmel, dem du zugehörst,
ist Herrschaft und ist Nähe.
Präg du uns ein, Herr Jesu Christ:
Gott ist nicht, wo der Himmel ist,
wo Gott ist, da ist Himmel.

... von dort wird er kommen, zu richten die Lebenden und die Toten

Als Kinder haben wir gerne mit einem Brennglas gespielt. Wenn die Sonne schien, war es für uns ein Vergnügen, durch das Brennglas die Strahlen der Sonne zu bündeln und auf einen einzigen Punkt zu konzentrieren. Wenn man dann eine Zeitung oder ein anderes Stück Papier unter die gebündelten Strahlen hielt, dann dauerte es nicht lange, bis das Papier sich verfärbte, bis es braun wurde und schließlich zu brennen begann.

In den Endzeitreden Jesu der drei ersten biblischen Evangelien und in der Johannesoffenbarung, dem letzten Buch in der Bibel, gibt es Bibelstellen, die wie ein Brennglas wirken. In ihnen werden die Ereignisse des Weltendes und der Endzeit auf einen Punkt konzentriert: die Strahlen der alttestamentlichen Prophetie und die vielfarbigen Zukunftsaussagen des Neuen Testaments. Alles lässt sich bündeln auf einen einzigen Satz: „Siehe, er kommt“ (Offenbarung 1,7). Oder etwas ausführlicher: „Sie werden sehen den Menschensohn kommen in den Wolken mit großer Kraft und Herrlichkeit“ (Markus 13,26; vgl. Matthäus 24,30; Lukas 21,27). Auf diese Spitzensätze biblischer Prophetie läuft nach dem Zeugnis der Bibel unsere Welt und die ganze Menschheit zu.

Das Liedgut unserer Kirche hat zu allen Zeiten diesen Ton aufgenommen und hat ihn vielstimmig variiert: In der Zeit der Reformation war es Bartholomäus Ringwaldt (1582) mit dem Lied: „Es ist gewisslich an der Zeit, dass Gottes Sohn wird kommen …" Etwas später, in den Jahren des pietistischen Aufbruchs, Philipp Friedrich Hiller (1767): „Wir warten dein, o Gottes Sohn, und lieben dein Erscheinen …", und in der Zeit der Erweckungsbewegung waren es die Lieder der beiden Blumhardts, Vater und Sohn, die diese biblische Aussage neu unterstrichen haben: „Dass Jesus siegt, bleibt ewig ausgemacht …" (1852), und: „Des Menschen Sohn wird kommen, des freuen wir uns all …" (1888).

„Siehe, er kommt!" Das ist der unerschütterliche Ankergrund christlicher Hoffnung. Dass Jesus Christus, der einst in unsere Welt gekommen ist, wiederkommen wird, das gehört zu den Kernbotschaften biblischer Verkündigung. Er, der bei seinem ersten Kommen in die Armut und Kargheit eines Stalles in Bethlehem einkehrte, er, der am Kreuz auf Golgatha zwischen zwei Verbrechern enden musste, er, den Gott am dritten Tage von den Toten auferweckte, er, der durch die Kraft des Heiligen Geistes bis an das Ende dieser Welt verwandelnd und erneuernd in das Leben von Menschen eingreift – der wird wiederkommen und zwar „mit großer Kraft und Herrlichkeit". Das wird dann nicht, wie bei seinem ersten Kommen, ein verborgenes, sondern ein öffentliches Erscheinen sein, das niemand übersehen und das keine Macht der Welt marginalisieren oder gar unterschlagen kann. „Sie werden sehen …", sie, das sind alle, die Menschenantlitz tragen, ob sie ihm angehören oder ihn ablehnen, ob sie sich über sein Erscheinen freuen oder ärgern. Sie alle, ob sie in Jubel oder in Wehklagen ausbrechen, werden ihn sehen.

Das „Sehen des kommenden Christus" ist der Punkt, in dem sich alle Strahlen biblischer Prophetie treffen, so verschieden die Aussagen darüber sich im Einzelnen darstellen und so vielfarbig die Autoren der Bibel das Bild der Zukunft gemalt haben – ob wir an die Reden Jesu über die Endzeit in den synoptischen Evangelien oder an seine Abschiedsreden im Johannesevangelium, an das Auferstehungskapitel des Paulus in 1. Korinther 15 oder an das geheimnisvolle letzte Buch der Bibel, die Johannesoffenbarung, denken. Hier haben alle diese Aussagen und Zukunftsperspektiven ihre Mitte. Hier setzt die Bibel den entscheidenden Akzent. Alle unsere Sorgen und Ängste um die Zukunft sind hineingenommen in die große Verheißung, sie sind eingebettet in die Mitte christlicher Hoffnung: „Siehe, er kommt!"

Was uns auch bewegen mag im Blick auf unser persönliches Leben, auf unsre Kinder und Enkel, auf unsere Arbeit, auf die Stabilität der Währung, auf die politischen Entwicklungen in einer globalisierten Welt, alles, was uns ängstet, wenn wir an die zunehmende Ausbreitung des Terrorismus denken, an den Klimawandel, all das ist eingerahmt und umschlossen von der Gewissheit der biblischen Aussage: „Siehe, er kommt!" „Die Hoffnung ist der Ernstfall des Glaubens.

Denn wie es mit dem Glauben steht, kommt dann heraus, wenn Hoffnung nötig ist" – so schreibt der ehemalige Bischof von Berlin-Brandenburg Wolfgang Huber in seinem Buch „Der christliche Glaube" (2008).

Von diesem Brennpunkt christlicher Hoffnung aus lassen sich Linien ziehen, die uns helfen können, das künftige Geschehen recht zu verstehen und sachgemäß damit umzugehen.

1. Die Hoffnung der Bibel ist nicht auf Ereignisse fixiert, sondern auf eine Person bezogen.

Thema der biblischen Aussagen über das Ende der Welt ist nicht die Zukunft, sondern der Zukünftige, der einst aus der Unsichtbarkeit zurückkehren wird in die Sichtbarkeit. Dort wird er unmittelbar erfahrbar werden, auch für die Nichtglaubenden.

In der Mitte aller Aussagen der Bibel steht nicht ein Es, sondern Er. Auf ihn, den kommenden Christus ist die Hoffnung der Bibel ausgerichtet. Wenn in den Aussagen der Bibel über die Zukunft immer wieder die Rede ist von Kräften des Himmels, die ins Wanken kommen, von Sonne und Mond, die ihren Schein verlieren, und von anderen Naturereignissen – das Schwergewicht liegt nicht auf den begleitenden Zeichen und den beschreibenden Bildern. Darum darf auch unser besonderes Interesse nicht an diesen zeitgenössisch gefärbten Zeichen und Bildern hängen bleiben, so interessant sie auch erscheinen mögen. Viel wurde von einzelnen Christen im Lauf der Kirchengeschichte schon spekuliert, um diese „Zeichen der Zeit“ mit konkreten weltgeschichtlichen Ereignissen oder Personen zu verbinden, mit ihnen in Übereinstimmung zu bringen und daraus bestimmte Zeitansagen abzuleiten, so z. B. aus den in Matthäus 24 aufgeführten „Zeichen der Zeit“, dem Zeichen der Verführung (V. 4.5), dem Zeichen der Verheerung (V. 6. 7), dem Zeichen der Verfolgung (V. 8–10), dem Zeichen der Nivellierung (V. 11) oder dem Zeichen der Verkündigung (V. 14). Alle diese Zeichen sind keine fixen „Daten“, die sich in die Geschichte unserer Welt einordnen lassen.

Es sind Andeutungen von Entwicklungen, die sich über lange Zeiträume anbahnen und am Ende verdichten. Oder ich denke an die heißen „Kämpfe“ um den doppelten Ausgang der Weltgeschichte: ewige Verdammnis oder Allversöhnung? Für beide Positionen lassen sich biblische Belege finden. Aber keiner von ihnen ist so eindeutig, dass man ihn als einzig mögliches Handeln Gottes festlegen könnte. Gottes Gerechtigkeit und seine Barmherzigkeit lassen sich nicht logisch gegeneinander verrechnen. Darum ist die Christenheit gut beraten, wenn sie sich nicht um vorletzte Dinge verkämpft, sondern in der gebotenen Nüchternheit auf das Letzte, auf den Letzten wartet. Das fromme Mehr-wissen-Wollen ist nicht minder gefährlich als das ungläubige Nicht-Wissen. Es gibt in der biblischen Prophetie Fragen, die hier in dieser Zeit nicht eindeutig zu beantworten sind. Sonst stünde in den Abschiedsreden Jesu nicht der Satz: „An jenem Tag werdet ihr nichts mehr fragen“ (Johannes 16,23).

2. Die Hoffnung der Bibel geht davon aus, dass das Ende der Welt nicht von Menschen herbeigeführt, sondern von Gott gesetzt wird.

So wie Gott diese Welt ins Dasein gerufen hat, wird er, und er allein, auch ihr Ziel und Ende bestimmen. Dieses Ende steht unter der Verheißung des erhöhten, auf dem himmlischen Thron sitzenden Herrn: „Siehe, ich mache alles neu“ (Offenbarung 21,5). Auch das Ende dieser Welt wird ein Schöpfungsakt Gottes sein wie schon ihr Anfang. Die hohen Erwartungen der letzten Jahrzehnte im Blick auf die ständige Höherentwicklung des Menschen und der Erde werden sich nicht so erfüllen, wie viele Menschen sich das denken. Schon heute haben zahllose Menschen unter den Kehrseiten des Fortschritts zu leiden. Luft und Wasser sind gefährdet durch fortgesetzte Verunreinigung, der Wohlstandsmüll ist kaum noch zu bewältigen, Naturkatastrophen ereignen sich am laufenden Band: Tsunami, Haiti, Chile, bisher unbekannte Krankheiten wie Aids bedrohen ganze Kontinente. Der weltweite Terrorismus und die dadurch entstandene tiefe Verunsicherung, und, und, und … Der Glaube an den unaufhörlichen Fortschritt sinkt angesichts dieser Vorzeichen endzeitlicher Ereignisse, die wir in der Gegenwart täglich vor Augen haben, immer mehr in sich zusammen.

Die Bibel befreit uns von der Zumutung, die neue Erde und den neuen Menschen durch eigene Anstrengung und ständige Höherentwicklung selber schaffen zu müssen. Auch wenn es heute Menschen gibt, die meinen, durch das Manipulieren menschlicher Gene regulierend in Gottes Schöpferhandeln eingreifen und neue, krankheitsresistente Menschen schaffen zu können. Nein, Gott allein kann das. Und er wird es auch tun, wie er es verheißen hat. Er setzt den Schlusspunkt, wenn Jesus Christus kommt „in großer Kraft und Herrlichkeit" (Markus 13,26). Und das zu seiner, zu Gottes Zeit, die menschlicher Berechnung enthoben ist.

3. Die Hoffnung der Bibel geht davon aus, dass am Ende jeder Mensch vor Gott Rechenschaft ablegen muss über sein Tun und Versäumen.

„Von dort wird er kommen, zu richten die Lebenden und die Toten." Weltgericht – wieder ein Begriff im Glaubensbekenntnis, mit dem viele Menschen nichts anfangen können oder der ihnen bitter aufstößt. Und doch rechnet die Bibel in aller Nüchternheit damit, dass der Lauf der Welt und das Leben der Menschen am Ende auf ein Weltgericht hinausläuft. Wir alle müssen einmal Rechenschaft ablegen über unser Tun und Versäumen. Das sagt die Bibel nicht als düstere Drohung, sondern als ernsthafte Mahnung mit dem Ziel, dass wir unser Leben auf dieser Welt nach Gottes Willen und Gebot einrichten. Dabei dürfen wir im Blick auf das Ende im Glauben festhalten: „Der gnädige Gott bleibt auch der heilige, der Versöhner ist auch der gerechte Richter" (Friedrich Lang).

Ausführlich erscheint das Bild vom Weltgericht in Matthäus 25, 31–46. Auch Paulus nimmt den Gedanken der Rechenschaftspflicht an manchen Stellen seiner Briefe auf: „Wir müssen alle offenbar werden vor dem Richterstuhl Christi, damit jeder seinen Lohn empfange für das, was er getan hat bei Lebzeiten, es sei gut oder böse“ (2. Korinther 5,10). Oder: „Wir werden alle vor den Richterstuhl Gottes gestellt werden“ (Römer 14,10), um dort „für sich selbst Rechenschaft zu geben“ (Römer 14,12).

Wichtig ist nun, dass wir den Zielpunkt der Bildrede vom Weltgericht Matthäus 25 richtig erfassen. Es geht bei der Bewertung unserer Taten keineswegs um extraordinäre Besonderheiten, die von uns erwartet würden, sondern um ganz schlichte Dinge: um das Teilen von Essen und Trinken etwa, um den Besuch bei Kranken und Gefangenen usw. Also um Dinge, die jeder und jede tun kann. Es geht im Grunde um das Selbstverständliche. Das gilt gerade auch für Christenmenschen. Denn „die Rechtfertigung durch den Glauben hebt das Gericht nach den Werken nicht auf“ (Friedrich Lang). Der Glaube wird ja nur durch die Werke sichtbar, die aus ihm entstehen: „Der Glaube, wenn er nicht Werke hat, ist tot in sich selber“ (Jakobus 2,17).

Das fängt bei unseren Worten an, über die wir vor dem letzten Richter Rechenschaft ablegen müssen: „Die Menschen müssen Rechenschaft geben am Tage des Gerichts von jedem nichtsnutzigen Wort, das sie geredet haben. Aus deinen Worten wirst du gerechtfertigt werden, und aus deinen Worten wirst du verdammt werden“ (Matthäus 12,36.37). Durch unsere

Worte und Werke wird sichtbar, was in uns der Glaube wirkt. Christen sind beauftragt, soweit ihre Fähigkeiten und Kenntnisse reichen, helfend, ratend, klärend, mahnend, vermittelnd, Frieden stiftend zu leben und zu wirken. So handeln sie im Geist und Sinn des Herrn, der sie einmal über ihr Tun und Lassen zur Rechenschaft ziehen wird.

4. Die Hoffnung der Bibel ist keine Droge, die aufputscht, sondern ein Impuls, der zu nüchternem Tun befreit.

Drogen können einen Menschen kurzfristig aufputschen und leistungsstark machen. Aber sie benebeln auch die Sinne und machen blind für die Realität. Ganz anders die Hoffnungsaussagen der Bibel. Sie trüben nicht die Sinne, versetzen nicht in Ekstase, sie entrücken einen Menschen nicht aus der Wirklichkeit des Lebens und gaukeln ihm keine Traumwelten vor. Sie sind vielmehr ein belebender Impuls, der uns instand setzt, mitten in unserer Lebenswelt mit dem langen Atem der Geduld und Ausdauer tätig zu sein, Liebe zu üben und Hoffnung zu vermitteln, gerade dort, wo alles lieblos und hoffnungslos erscheint.

Menschen, die auf den kommenden Christus warten, fliehen nicht aus der Welt. Sie engagieren sich dort, wo es gilt, die Welt und das Leben in ihr menschlich und verantwortlich zu gestalten. Sie legen mit Hand an, wo sie es können, sie setzen gegen die Hoffnungslosigkeit der Welt die Zuversicht des Glaubens, gegen Resignation den Mut zum Aufbruch, gegen die Beliebigkeit der Meinungen die Eindeutigkeit biblischer Aussagen. So vertreten und verbreiten sie Glaube, Liebe und Hoffnung, und lassen sich darin nicht irre machen, weder durch die Gleichgültigkeit, der sie rundum begegnen, noch durch einen überhitzten Enthusiasmus, der immer nach mehr strebt, der mehr glauben, mehr sehen, mehr erfahren, mehr wissen will. Gerade als solche, die nüchtern an Glaube, Liebe und Hoffnung festhalten, erweisen sie sich in Wahrheit als Wachende und Wartende.

„Und sie werden sehen den Menschensohn kommen mit großer Kraft und Herrlichkeit" – das zeigt uns der Umgang mit dem Brennglas als Hoffnungsziel der Christen aus den endzeitlichen Texten des Neuen Testaments. Martin Luther wird ein Satz zugeschrieben, der uns Mut machen kann zu einem aufmerksamen Leben in der Erwartung des kommenden Christus: „Wenn morgen die Welt unterginge, so würde ich heute noch ein Apfelbäumchen pflanzen." Als Christen bleiben wir im gläubigen Warten und Hoffen auf den wiederkommenden Herrn und sprechen mit den Worten des Liederdichters des alten württembergischen Pietismus, Philipp Friedrich Hiller (1699–1769):

> Wer an dich glaubt,
> erhebt sein Haupt
> und siehet dir entgegen;
> du kommst uns ja zum Segen.

Ich glaube an den Heiligen Geist …

Unter allen großen Festen der Christenheit ist Pfingsten das am wenigsten anschauliche. Da gibt es keinen Adventskranz, dessen Kerzen man anzündet, keinen geschmückten Christbaum, der das Wohnzimmer ziert, keine Sternsinger, die an der Haustür klingeln, kein Kreuz, um das man sich am Karfreitag sammelt, keine Ostereier, nach denen die Kinder im Garten suchen, keine Lämpchen, die man am Totensonntag auf den Gräbern ansteckt. Wegen dieser fehlenden Anschaulichkeit ist Pfingsten, auch seinem Inhalt nach, wohl das unbekannteste unter allen Hochfesten im Jahr der Kirche. „Ein Fest ohne Profil" – so wurde das Pfingstfest deshalb in der weltlichen Presse schon genannt. Nur die wenigsten Zeitgenossen können zutreffende Auskunft geben über den Ursprung, den Inhalt und die Bedeutung dieses Festes.

Solche Unkenntnis trifft man aber nicht nur bei kirchendistanzierten säkularen Mitbürgern an, bei dem Mann oder der Frau auf der Straße. Es gibt Menschen in nicht geringer Zahl, die sich zur christlichen Kirche zählen, die den Religions- und Konfirmandenunterricht absolviert haben, auch junge Leute, die zu den großen christlichen Pfingsttreffen fahren und die trotzdem ins Stottern geraten, wenn man sie nach dem Sinn und dem Inhalt des Pfingstfestes fragt. Heiliger Geist? Viele verbinden mit diesem Stichwort weder eine Vorstellung noch eine Erwartung. Gerne genießen sie die freien Tage als Kurzurlaub, den ihnen dieses Fest beschert. Aber mehr bedeutet es ihnen nicht.

Doch dies ist nur die eine Seite. Die andere ist ebenso evident. Gleichzeitig beobachten wir nämlich, dass es immer mehr Menschen, Kreise und Gruppen in der Kirche, an ihrem Rand und jenseits ihrer Grenzen gibt, die ein außerordentliches Interesse an allen Fragen haben, die mit dem Heiligen Geist, seinen Gaben und seinen Wirkungen zusammenhängen. Menschen, die immer wieder von den „Geistesgaben" reden und die der Kirche und ihrer Verkündigung vorhalten, dass sie überall dort zurückhaltend und reserviert bleibt, wo es um Erfahrungen mit den Wirkungen des Geistes Gottes geht. Es sind dies Kreise, deren Leben und Zeugnis, deren Gebete und Lieder in einer betonten Einseitigkeit gerade um diese Fragen kreisen. Gemeinsam ist ihnen ein ausgeprägtes Verlangen nach immer höheren Geisterfahrungen. Einzelne Geistesgaben, etwa die Zungenrede, die Heilungsgabe oder die Prophetie werden auffallend hervorgehoben und zum Ausweis echten Glaubens gemacht. Die tiefen Belastungen durch Anfechtung, Krankheit und Leiden, in die manche Menschen verstrickt sind, bleiben dagegen ausgeblendet. Weil in der griechischen Sprache, in der uns das Neue Testament überliefert ist, die Gaben des Heiligen Geistes durch das Wort „Charismata" beschrieben sind, nennt man die Angehörigen solcher Gruppen heute die „Charismatiker". Die größere Bewegung, in deren Nähe solche Kreise gehören, heißt „Pfingstbewegung", weil manche ihrer Erscheinungsformen an das ursprüngliche Geschehen am ersten Pfingsttag (nach Apostelgeschichte 2) erinnern. Die ursprüngliche Pfingstbewegung hat in Deutschland vor etwa hundert Jahren begonnen. Sie ist heute weltweit unter allen christlichen Bewegungen diejenige, die sich zahlenmäßig am stärksten vermehrt.

Das ist die Situation, in der wir heute Pfingsten feiern. Auf der einen Seite hat man weithin vergessen, was es mit dem Heiligen Geist auf sich hat und was er für uns bedeutet. Man erwartet nichts mehr von seinem Wirken. Andererseits gibt man gerade diesen Fragen ein besonderes Gewicht und breiten Raum. Zwischen diesen beiden Positionen lebt die Kirche und mit ihr alle, die sich zur Kirche zählen. Das gilt für die evangelische wie für die katholische Kirche gleichermaßen. Deshalb ist heute die Frage nach dem Heiligen Geist, nach seinem Erscheinen und seinem Wirken, dringlicher denn je.

Wenn wir in das Neue Testament hineinschauen, machen wir im Blick auf die Aussagen über den Heiligen Geist eine auffallende Beobachtung: Die Verfasser der biblischen Schriften sind nämlich von einer bemerkenswerten Zurückhaltung, wenn es darum geht, zu definieren, was der Heilige Geist ist. Sie werden aber ausgesprochen beredt beim Erzählen dessen, was der Geist Gottes wirkt und schafft. Man kann über den Heiligen Geist offenbar nicht theoretisch reden und schreiben. Doch seine Wirkungen kann man spüren. Es ist hier ganz ähnlich wie beim Wind. Diesen können wir – in der Regel – nicht sehen. Aber wir nehmen wahr, wie er Blätter bewegt, Bäume umknickt, Dächer abdeckt und einem den Hut vom Kopf weht. Oder: wie beim elektrischen Strom. Wir sehen ihn nicht. Aber wenn ein Kind seine Hand auf die eingeschaltete Herdplatte legt, dann spürt es ihn schmerzhaft. Und wenn wir das Licht anknipsen und den Fernseher oder den Rasenmäher einschalten, dann haben wir es jedes Mal mit Wirkungen der Elektrizität zu tun.

So ähnlich verhält es sich mit dem Heiligen Geist. „Wie von einem gewaltigen Wind", so wird die Wirkung des Geistes in der neutestamentlichen Pfingstgeschichte beschrieben (Apostelgeschichte 2,2). Von ihm ist im Neuen Testament immer dann die Rede, wenn erzählt wird, was Gott tut. Das hat Martin Luther dazu bewogen, in seiner Erklärung des Dritten Glaubensartikels von jeder definitorischen Erläuterung abzusehen und einfach eine Reihe von Tätigkeitsworten nebeneinanderzustellen, in denen beschrieben wird, was der Heilige Geist wirkt und schafft: „... gleichwie er die ganze Christenheit auf Erden beruft, sammelt, erleuchtet, heiligt und bei Jesus Christus erhält im rechten einigen Glauben."

Wenn wir nun fragen, was es mit dem Heiligen Geist auf sich hat, begegnen uns im Neuen Testament sieben Facetten seines Wirkens.

1. Der Geist der Stellvertretung.

In der Pfingstgeschichte (Apostelgeschichte 2) wird erzählt, dass der Heilige Geist unversehens und überraschend auf die in Jerusalem versammelten Menschen kam. Aber im Grunde waren die Jünger Jesu auf sein Erscheinen vorbereitet, denn ihr Herr hatte ihnen in seinen Abschiedsreden (Johannes 14–17) vorhergesagt, dass er sie nach seiner Rückkehr in die unsichtbare Sphäre Gottes nicht alleinlassen wird. Er kündigt ihnen einen „Stellvertreter" an, der an seiner Statt in der Gemeinde sein eigenes Werk übernehmen und es in seinem Sinn weiterführen wird: „Und ich will den Vater bitten, und er wird euch einen anderen Tröster geben, dass er bei euch sei in Ewigkeit: den Geist der Wahrheit ... Ich will euch nicht als Waisen zurücklassen; ich komme zu euch..." (Johannes 14,16–18). Der „Tröster". Das griechische Wort „Paraklet", wörtlich: „der Herbeigerufene", bezeichnet den Anwalt, den ein Angeklagter als seinen Beistand, seinen Rechtsvertreter vor Gericht „herbeiruft". Es bezeichnet aber ebenso einen Menschen, der für eine andere Person Fürsprache einlegt oder sich schützend und helfend zu einem Angefochtenen oder Alleingelassenen stellt. Bis zu seinem Aufbruch in Gottes Reich war Jesus selber der „Paraklet", der Anwalt seiner Jünger. Diese Aufgabe der „Vertretung" des jetzt erhöhten Herrn übernimmt nach seiner Himmelfahrt „ der Geist der Wahrheit" (Johannes 14,17). Er wird die Jünger Jesu und später seine Gemeinde „in alle Wahrheit leiten" (Johannes

16,13), so wie es Jesus während seiner Erdenzeit getan hat.

Dieser „Geist der Wahrheit“ ist aber keine frei schwebende Geistgröße. Der Geist Gottes hat sich an das Wort Gottes gebunden (Johannes 14,23.24). Diese beiden Gaben, den Geist und das Wort, eines nicht ohne das andere, hat Jesus seinen Jüngern zugesagt. Damit hat er seine „Stellvertretung“ geregelt.

2. Der Geist der Erinnerung.

Der „Paraklet“ wird die Jünger „lehren und erinnern“ (Johannes 14,26). Er bringt also nichts „Neues“, was über das hinausgeht, was Jesus zu seinen irdischen Zeiten gelehrt und gewirkt hat. Vielmehr wird er „erinnern“ an alles, was wir aus der Bibel von Jesus und über ihn wissen. Er wird keine neuen Offenbarungen vermitteln, er wird die Worte und Wunder Jesu weder ergänzen noch überbieten. Er wird auch dem Verlangen von Menschen nach „mehr“ nicht nachgeben, „mehr Geist“, „mehr Kraftwirkungen“ oder „mehr Wunder“, er wird die Gläubigen nicht in Ekstase oder Trance versetzen. Aber *das* wird er tun: Der Heilige Geist wird die Gemeinde nach Ostern, Himmelfahrt und Pfingsten ständig an das erinnern, was Jesus seinen Jüngern gesagt und was er unter den Menschen in Jerusalem, in Judäa und Galiläa getan und gewirkt hat. So bleibt Jesus auch als der zu seinem himmlischen Vater Erhöhte durch seinen Geist selbst in seiner Kirche gegenwärtig: „Und siehe, ich bin bei euch alle Tage bis an der Welt Ende“ (Matthäus 28,20).

Keines seiner Worte darf der Gemeinde der Christen verloren gehen, denn Jesu Worte und Taten sind der Grund ihres Glaubens, die Basis der christlichen Kirche. Diese Grundlage ständig zu aktualisieren und durch die Verkündigung neu einzuprägen, aber nicht zu verändern, zu verkürzen oder zu erweitern, das ist die Aufgabe des Geistes der Erinnerung.

3. Der Geist der Erneuerung.

In der Pfingstgeschichte (Apostelgeschichte 2,1–13) begegnen uns die Jünger Jesu, wie sie etwas ratlos und abwartend nach der Himmelfahrt ihres Herrn in Jerusalem beisammen sind. Sie wussten nicht, was jetzt mit ihnen geschehen soll. Im Ohr hatten sie die Verheißung ihres Meisters: „Ihr werdet die Kraft des Heiligen Geistes empfangen …" (Apostelgeschichte 1,8). Aber vor Augen hatten sie nichts, was ihre Hilflosigkeit hätte vertreiben können.

Doch dann geschieht ein Einbruch aus Gottes ewiger Welt, der die Versammelten so unversehens überfällt, dass man nur in Bildern darüber berichten kann: „Und es geschah plötzlich ein Brausen vom Himmel wie von einem gewaltigen Wind …, und es erschienen ihnen Zungen zerteilt, wie von Feuer, und er setzte sich auf einen jeden von ihnen" (Apostelgeschichte 2,2.3). Und dann der entscheidende Satz: „Und sie wurden alle erfüllt von dem heiligen Geist" (Apostelgeschichte 2,4). Man spürt geradezu, wie der Erzähler hier an die Grenzen seiner Aussagemöglichkeit stößt, wenn er sagen will: Der Heilige Geist schafft Neues.

An den in Jerusalem Versammelten geschehen Verwandlungen, die er nur in Bildworten beschreiben kann.

„Wie ein gewaltiger Wind“. Ein Sturm im Herbst reißt das welke Laub mit sich fort. Er kann Bäume entwurzeln und Häuser zum Einsturz bringen. Wenn Gottes Geist in die „Baumkrone“ eines Menschenlebens fährt, fegt er die alte und welke, zur Tradition erstarrte oder oft nur noch gedankenlos geübte Frömmigkeit weg. Zugleich rührt er an die Fundamente unserer religiösen Selbstsicherheit und Selbstzufriedenheit. Er korrigiert das starr Gewordene, haucht ihm neues Leben ein und richtet es auf Jesus aus.

„Wie ein Feuer“ – das ist das andere Bildwort in der Pfingstgeschichte. Das Feuer verbrennt und verzehrt, was ihm hindernd im Weg liegt. So vernichtet der Heilige Geist alles, was trennend zwischen Gott und unserem Leben liegt. Er schafft Raum für das Neue, das Gott schenken und wirken will, für ein Leben in der Nachfolge Jesu. Er entzündet in unserem Leben das Feuer der Liebe Gottes, das uns als Fackelträger dieser Gottesliebe zu den Menschen führt. „Die Liebe Gottes ist ausgegossen in unsere Herzen durch den heiligen Geist, der uns gegeben ist“ (Römer 5,5). Er schenkt uns die Gewissheit, dass Gott uns als die Seinen angenommen hat: „Der Geist selbst gibt Zeugnis unserm Geist, dass wir Gottes Kinder sind“ (Römer 8,16). Er lässt uns nicht im Unklaren über Gottes Pläne und Ziele. Gottes Geist verbreitet keine Zweifel, er ist ein „Geist der Wahrheit“ (Johannes 14,17).

Martin Luther hat das klar erkannt und benannt: „Spiritus sanctus non est scepticus“ – der Heilige Geist ist kein Geist der Skepsis. Schließlich stellt uns Gottes Geist unter die Leitung des lebendigen und gegenwärtigen Herrn: „Alle, die sich von Gottes Geist leiten lassen, sind Söhne und Töchter Gottes“ (Römer 8,14). So geschieht durch das Wirken des Heiligen Geistes Reinigung und Leitung und in alledem eine Erneuerung unseres bisherigen Lebens, damit es für Jesus Christus und seinen Dienst in dieser Welt brauchbar wird.

4. Der Geist der Sammlung.

In dem Bericht über den ersten Pfingsttag in Jerusalem wird erwähnt, dass unter der Schar derer, die der Heilige Geist erneuert und als neue Gemeinschaft zusammengeschlossen hat, sechzehn verschiedene Völker vertreten waren (Apostelgeschichte 2,9–11), Menschen unterschiedlichster Herkunft, Rasse, Sprache und religiöser Prägung. Zwischen ihnen standen naturgemäß hohe Barrieren, die eine Verständigung verhinderten. Und trotzdem wird von ihnen gesagt, dass sie sich alle persönlich angesprochen fühlten, bis hin zum Verstehen der Sprache. Im griechischen Text heißt es sogar, dass jeder „seinen eigenen Dialekt hörte“ (Apostelgeschichte 2,6).

Wenn der Heilige Geist zu wirken beginnt, kann er das alte biblische Gegenbild der Pfingstgeschichte außer Kraft setzen, nämlich die Geschichte der Sprachenverwirrung (1. Mose 11,1–9), das Aufhören jeglicher Verständigung zwischen den Menschen. Er kann Mauern und Schlagbäume niederreißen, die uns Menschen, auch uns Christen, voneinander trennen, indem er auf den Grund des gemeinsamen Glaubens, auf Jesus Christus, unsern Herrn, zeigt. Zu ihm zu rufen, seine Gemeinde zu sammeln, das ist Aufgabe und Werk des göttlichen Geistes.

Der Heilige Geist ist kein Geist der Zerstreuung und der Zersplitterung. Trotz ihrer Unvollkommenheit ist die Kirche Jesu Christi, auch wenn sie sich im Lauf ihrer Geschichte in unterschiedliche Glaubensrichtungen und Konfessionen aufgespalten hat, der Ort, an dem es durch das Wirken des Geistes Gottes zum gegenseitigen Verstehen und zum Annehmen und Bejahen anderer Glaubensprägungen kommen kann. Die Ökumenische Bewegung ist ein Beispiel dafür. So muss es weiter unsere Bitte zu Gott sein, dass sich erfüllen möge, was Jesus in seinem hohepriesterlichen Gebet als Ziel seines Bittens genannt hat: „Ich bitte auch für die, die durch ihr Wort an mich glauben werden, damit sie alle eins seien ..., damit die Welt glaube" (Johannes 17, 20.21). Jesu Geist geht nicht auf Absonderung und Vereinzelung der Glaubenden und auf Zertrennung der Gemeinde aus, sondern auf ihre Sammlung. Das gilt freilich nur insoweit, als im Zentrum des Glaubens das uneingeschränkte Bekenntnis zu Jesus Christus als dem Gekreuzigten, Auferstandenen und Wiederkommenden steht. Wo das die Mitte ist, kann gottgewollte Einheit entstehen, auch bei unterschiedlicher Prägung im

Einzelnen. Nicht aber dort, wo man – auf der einen Seite – wesentliche Heilstaten der Heiligen Schrift in Zweifel zieht oder leugnet, den Sühnetod Jesu etwa, seine wirklich geschehene Auferstehung oder seine zu erwartende Wiederkunft, oder wo man – auf der anderen Seite – persönliche Erkenntnisse und Erfahrungen oder „neue Offenbarungen" zur Mitte des Glaubens macht. Hier gilt es, acht zu haben, dass nicht „ein anderer Geist" sich zu Wort meldet, ein Geist, der „ein anderes Evangelium" vertritt (Galater 1, 6–9).

5. Der Geist der Verkündigung.

„Und sie wurden alle erfüllt von dem heiligen Geist und fingen an zu predigen in anderen Sprachen, wie der Geist ihnen gab auszusprechen" (Apostelgeschichte 2,4). Das war die Wirkung von Pfingsten: das schlichte, jedem verständliche Zeugnis der Menschen, die von Gottes Geist berührt und erfüllt waren, das Lob der „großen Taten Gottes" (Apostelgeschichte 2,11). Wer durch Gottes Geist erweckt und von diesem Geist erfüllt ist, hat etwas zu sagen, dessen er sich nicht zu schämen braucht. Dass Gottes Geist einen Menschen je und dann auch zu echter „Begeisterung" führen kann, darf einen nicht wundern. Das zeigt auch die anschließende Pfingstpredigt des Petrus (Apostelgeschichte 2,14–36). So vollmächtig redete er von Christus, dass es den versammelten Menschen „durchs Herz ging" (Apostelgeschichte 2,37). Echte Pfingstpredigt ist darum immer Christuspredigt, glaubwürdiges Zeugnis der Gemeinde ist Christuszeugnis (Apostelgeschichte 4,20), ganz gleich, ob es in der Öffentlichkeit oder im persönlichen Gespräch geschieht. Der Ort für das Zeugnis der Christen ist der Alltag, wie er tagtäglich erlebt wird. Und der Inhalt des Zeugnisses sind „die großen Taten Gottes" (Apostelgeschichte 2,11), nicht eigene Gedanken, Gefühle und Ideen der Menschen, sondern das, was Gott durch Jesus Christus zum Heil der Menschen getan hat.

6. Der Geist der Unterscheidung.

Ein vom Heiligen Geist inspiriertes Zeugnis bleibt immer in den Bahnen der Heiligen Schrift. Es führt nicht darüber hinaus. Der Geist, der durch das Wort wirkt, will nicht Menschen groß machen, er wird „Jesus Christus verherrlichen" (Johannes 16,14).

Paulus hat mit Bedacht unter den Gnadengaben, den Charismata, die der Gemeinde gegeben sind, die „Gabe, die Geister zu unterscheiden" genannt (1. Korinther 12,10). Diese Gabe ist notwendig, damit das Zeugnis der Christen von falschen Inhalten, Überlagerung und Verkürzungen unterschieden und freigehalten werden kann (1. Johannes 4,1).

Ein Pfingstlied unseres Gesangbuchs (EG 129), in der Zeit des Dreißigjährigen Krieges entstanden, kann uns Maßstäbe an die Hand geben, an denen wir erkennen können, ob eine Predigt oder ein Wortzeugnis, auch eine neu sich bildende Bewegung, dem Geist Gottes entspricht oder ob sie aus anderen Quellen gespeist sind:

Er sendet von dem Thron
des Himmels seinen Geist,
der uns durchs Wort recht lehret,
des Glaubens Licht vermehret
und uns auf Christus weist.

In dieser Liedstrophe ist die Frage der Beurteilung geistlicher Erscheinungen oder Strömungen eindeutig klargemacht: Stimmen sie mit dem biblischen Wort überein? Bringen sie uns im Glauben weiter? Weisen sie uns auf Christus hin?

7. Der Geist der Befestigung.

Das Ende des zweiten Kapitels der Apostelgeschichte lässt uns einen Blick werfen in das Leben der frühen Christengemeinde in Jerusalem nach dem Pfingstereignis und der Pfingstpredigt des Petrus. „Sie blieben aber beständig in der Lehre der Apostel und in der Gemeinschaft und im Brotbrechen und im Gebet" (Apostelgeschichte 2,42 ff.). Das war das Kennzeichen der vom Heiligen Geist erfüllten und geleiteten jungen Christengemeinde. Sie blieben beieinander und sie bewahrten die Gaben, die ihr Herr ihnen nach seiner Himmelfahrt hinterlassen und anvertraut hatte: Wort, Gemeinschaft, Abendmahl und Gebet. Weil sie im Gehorsam gegen Gott das Wort ihres Herrn festhielten und bewahrten, ließ Gott sie auch Zeichen seiner Wortmächtigkeit erfahren: „... und es geschahen auch viele Wunder und Zeichen durch die Apostel" (Apostelgeschichte 2,43). So blieben sie befestigt in Gottes Gaben und hielten mit ihrer kleinen Kraft und geringen Einflussmöglichkeit das Erbe ihres Herrn lebendig. In der Johannesoffenbarung wird gerade dieser Aspekt des Geistes, der in der Gemeinde wirkte, besonders betont, wenn es im Sendschreiben an die Gemeinde in Philadelphia als ein Ehrentitel der Christengemeinde bezeichnet wird: „Du hast eine kleine Kraft und hast mein Wort bewahrt und hast meinen Namen nicht verleugnet" (Offenbarung 3,8). Darum wird der erhöhte Herr dieser Gemeinde offene Türen geben, die niemand zuschließen kann.

Die ersten Christen erfuhren in ihrer Gemeinde die Wort- und Wirkmächtigkeit des Heiligen Geistes. Sie mussten nicht von Event zu Event, von einem Höhepunkt zum andern unterwegs sein, um das Wirken des Geistes zu erfahren. Die Art der Athener, denen Paulus in der griechischen Hauptstadt begegnet war, ist nicht die Lebensart geisterfüllter Christen. „Alle Athener nämlich ... hatten nichts anderes im Sinn, als etwas Neues zu sagen und zu hören" (Apostelgeschichte 17,21).

Nicht außergewöhnliche Erlebnisse und spektakuläre Wunderzeichen sind bis heute der Ausweis christlichen Glaubens, sondern das treue Festhalten an dem, was Gott der Gemeinde gegeben hat: das Bleiben am biblischen Wort und das Befestigtsein in der Gemeinschaft der Glaubenden, die Teilhabe am Tisch des Herrn und das Reden mit dem lebendigen Christus im Gebet.

... die heilige christliche Kirche, Gemeinschaft der Heiligen ...

Welche Kirche meinen wir, wenn wir beim Sprechen des Glaubensbekenntnisses an diese Zeile kommen: „... die heilige christliche Kirche?“ Meinen wir die römisch-katholische? Die orthodoxe oder die protestantische? Und wenn wir bei der letzten dieser Konfessionen bleiben: die lutherische oder reformierte oder eine der unierten Kirchen? Vielleicht auch eine Freikirche? Methodisten? Baptisten? Oder denken wir an eine der zahlreichen kleinen freien Gruppen und Kreise, die sich in den letzten Jahrzehnten am Rand der etablierten Kirchen oder jenseits ihrer Grenzen gebildet haben und deren Zahl immer größer wird? Wen meinen wir eigentlich?

Die christlichen Konfessionen tun sich an dieser Stelle des Glaubensbekenntnisses schwer: „Ich glaube ... die heilige christliche Kirche.“ Welche? Dieser Passus ist die einzige Stelle im Credo, wo der Wortlaut des Bekenntnisses differiert. Während die Kirchen der Reformation sich allein zur „heiligen christlichen Kirche“ bekennen, fügt die römisch-katholische Kirche betont das Wort „katholisch“ ein. In einem konfessionell abgrenzenden Sinn, der etwas von einem Alleinvertretungsanspruch des rechten Kirchenverständnisses beinhaltet? Oder eher im ursprünglichen Sinn des Wortes „katholisch", der ganz einfach „die ganze bewohnte Erde" bedeutet? Es ist so, wie ein Ausleger dieses Credo-Abschnitts meint: „Wer in der modernen Welt von Kirche spricht, muss mit einer Fülle von Missverständnissen rechnen (Walter Künneth).

Mit dem Wort „Kirche" verbinden sich offenbar vielfältige Vorstellungen und wohl auch unterschiedliche Erwartungen. Deshalb scheint es angeraten, zuerst einen Blick in die Bibel zu werfen, um zu sehen, was dort über die Kirche, ihren Grund, ihren Inhalt und ihren Auftrag gesagt wird.

Ein Blick in die Bibel

Hier stehen wir gleich vor einer Überraschung. In der Lutherbibel kommt das Wort „Kirche" überhaupt nicht vor. So zeigt es die Konkordanz. Martin Luther und andere Übersetzer haben für die einschlägigen hebräischen bzw. griechischen Worte meist das deutsche Wort „Gemeinde" benützt. Denn Kirche im heutigen Sinn gab es zu der Zeit, als die Bibel verfasst wurde, noch nicht. Und auch zu Luthers Zeit waren die Verhältnisse noch andere als heute.

Noch eine weitere Überraschung: Die Bibel gebraucht keine Definitionen, wenn sie von „Gemeinde" redet. Sie malt Bilder. Durch alle biblischen Schichten, von den ältesten bis zu den jüngsten, wird ein biblischer Grundbegriff, das, was in der griechischen

Sprache „Ekklesia“ genannt wird, in Bildern veranschaulicht.

Im Alten Testament bezeichnet das hebräische Wort „kahal“ das Aufgebot der Männer zum gemeinsamen Gottesdienst, zum Kriegszug oder zur Sitzung des Gerichts, zu Handlungen also, die in Israel als heilig galten. Das Wort „edah“ umschreibt das sich um das heilige Zelt sammelnde Volk, die Kult- und Rechtsgemeinde.

Das Neue Testament verwendet für Gemeinde/Kirche fast durchgängig das griechische Wort „Ekklesia“, die „Herausgerufenen“, ein Wort, das 114 Mal im Neuen Testament, vor allem in der Apostelgeschichte und bei Paulus, vorkommt. „Ekklesia“ bezeichnete ursprünglich die politische Versammlung, die durch eine übergeordnete Instanz einberufen wurde. Es ist die von Gott berufene, seinem Wort folgende und ihm Gehorsam leistende Schar von Menschen, also keine Interessenvertretung, kein Zweckverband, keine Aktionsgemeinschaft zur Durchsetzung bestimmter Positionen. Gemeinde nach dem Neuen Testament ist keine menschliche Gründung, sondern eine Schöpfung Gottes, die durch seinen Ruf entsteht und von seiner Gegenwart lebt.

Kirche oder Gemeinde – das, was damit gemeint ist, wird im Neuen Testament durch zahlreiche Bildworte oder Gleichnisse beschrieben. Es gibt dort fast hundert verschiedene Bildworte für Gemeinde.

Sie ist das „Volk Gottes“, das „Volk des Eigentums“, dessen Herr und König Gott allein ist (2. Mose 19,6; 1.

Petrus 2,9; 2. Korinther 6,16), das Volk, bei dem Gott wohnt, das Volk, das als „wanderndes Gottesvolk“ durch diese Welt unterwegs ist (Hebräer 13,14).

Aus der Anschauungswelt des Alten Orients stammt nach dem Vorbild von Psalm 23 das Bildwort von der „Herde Gottes“, die von ihrem Hirten geweidet wird. Jesus nennt sich selber den „guten Hirten“ seiner Herde (Johannes 10,14; 1.Petrus 2,25). Als seine Mit-Hirten hat er durch seinen Geist „Bischöfe“ (also Aufseher) eingesetzt (Apostelgeschichte 20,28; Epheser 4,11; 1.Petrus 5,2).

Das Bild vom „Haus Gottes aus lebendigen Steinen“ (Epheser 2,19–22; 1. Petrus 2,5) bzw. vom Tempel Gottes beschreibt die Kirche als ein Haus, das Gott allein gehört und in dem ihm allein das Haus- und Herrenrecht zukommt. Jeder, der als ein „lebendiger Stein“ zu diesem Haus gehört, ist als Teil dieser Gemeinde ein „Tempel Gottes“ (1. Korinther 3,16; 6,19).

Das wohl bekannteste und geläufigste Bild für die Kirche ist das vom „Leib und seinen Gliedern“ (Römer 12,4–6; 1.Korinther 12,12–27; Kolosser 1,18). Die Gemeinde Jesu Christi wird als ein Körper mit vielen einzelnen Gliedern gesehen, deren gemeinsamer Herr und deren Haupt Jesus ist.

Mit zahlreichen weiteren Bildern und Vergleichen wird im Neuen Testament die Kirche dargestellt: als Weinberg und als Ackerfeld, als Ölbaum oder Feigenbaum, als Braut, die auf den Bräutigam wartet usw. Bei all diesen Bildern kommt Jesus Christus die entscheidende Rolle zu: bei der Herde ist er der Hirte, beim Volk der König, beim Haus der Grundstein, beim Leib das Haupt. So verstand sich die von Jesus berufene Schar von Jüngern (Markus 1,16–20) als eine Lebens-, Zeugnis- und Dienstgemeinschaft, in der sich die Gottesherrschaft darstellt, die mit dem Kommen Jesu in diese Welt angebrochen ist.

Grundzüge der Kirche

In den zurückliegenden fast zweitausend Jahren seit der Gründung der ersten Gemeinde in Jerusalem hat sich das Bild der Kirche so verändert, dass es kaum noch möglich erscheint, Vergleichspunkte zwischen damals und heute zu finden. Aus dem kleinen Organismus sind große Organisationen geworden, aus der örtlichen Gemeinde, die sich in einem Wohnzimmer versammelte, entstanden fast unübersehbar große und weiträumige Kirchentümer, deren Mitglieder Millionen von Menschen sind. Was einst wenige „Ehrenamtliche" bewältigten, wird heute von Gremien und Büros verwaltet. Man redet heute von „Landeskirchen" oder von der „Volkskirche", die sich über ganze Landstriche erstrecken.

Und dennoch gibt es gemeinsame Grundzüge, die das Wesen der Kirche und ihr Bild bis heute trotz aller Veränderungen ausmachen. Solche Grundzüge der Kirche aller Zeiten sind abgebildet und beschrieben in den Anfangskapiteln der Apostelgeschichte, wo uns im Bild der ersten Gemeinde in Jerusalem die tragenden und bestimmenden Elemente der Gemeinde, der Kirche Jesu Christi gezeigt werden: „Sie blieben aber beständig in der Lehre der Apostel und in der Gemeinschaft und im Brotbrechen und im Gebet" (Apostelgeschichte 2,42). Damit sind die grundlegenden Bauelemente der christlichen Kirche markiert, die für alle Zeiten und alle Länder gleichermaßen gelten, für die kleinen Hauskirchen wie für die großen Volkskirchen. Auch wenn der seit Jahrzehnten andauernde Prozess der Säkularisierung unserer (westlichen) Gesellschaft nicht aufzuhalten ist und sich bis in die Kirchen hinein ausbreitet, bleiben diese, wenn sie ihren Namen zu Recht tragen wollen, den grundlegenden Orientierungsdaten der Bibel verpflichtet. Sie bilden auch heute die Erkennungszeichen dessen, was sich Kirche nennt.

1. Die Lehre der Apostel.

Es kommt nicht von ungefähr, dass gerade diese Grundseite der Kirche zuerst genannt wird. Nicht die Tat steht am Anfang, wie Goethe in seinem „Faust" sagt, modern gesprochen: nicht die Aktion, sondern das Wort. Gottes Wort, wie es in der Heiligen Schrift festgehalten und überliefert ist. Dieses Wort, das in Jesus Christus Gestalt gewonnen hat (Johannes 1,1) ist das kirchengründende und kirchenerhaltende Wort. Das in der heutigen Zeit einer „Inflation des Wortes" festzuhalten, in einer Zeit, wo wir mit Informationen überschwemmt werden, aber so wenig Orientierung finden, gehört zu den Grundaufgaben der Kirche. Es ist das Wort, das uns auf Jesus Christus weist. Er ist in Wahrheit der Grund der Kirche. Auf sein Leben und Wirken, sein Sterben und Auferstehen ist die Kirche gegründet. Dieses grundlegende überlieferte Wort muss in Verkündigung, Unterweisung und Lehre der Kirche immer wieder zur Sprache kommen und in die jeweilige Zeit und ihre Verhältnisse übersetzt werden. Dieses Wort darf nicht verkürzt, verfälscht oder entleert werden. Es ist das Wort, das die Kirche trägt.

2. Die Gemeinschaft der Glaubenden.

Wo Menschen miteinander auf Gottes Wort hören, entsteht Gemeinschaft, denn der Heilige Geist, der in diesem Wort wirkt, führt nicht in die Vereinzelung, er stiftet Gemeinschaft. Und zwar eine Gemeinschaft, die sich von allen menschlichen Formen der Gemeinschaft unterscheidet. Sie ist nicht gleichzusetzen mit dem, was wir als Freundschaft oder Kameradschaft erfahren. Denn sie beruht weder auf menschlicher Sympathie noch auf einer gemeinsamen Interessenlage. Sie hat tiefere Wurzeln. Es ist der Zusammenschluss von Menschen, die von der Vergebung Gottes leben, die auf seinen Ruf hören und seinen Weisungen folgen, ob man sich nun gegenseitig sympathisch findet oder nicht. Diese Gemeinschaft umfasst alle Lebensbereiche. Sie bewirkt, dass man Eigenes zurückstellen kann, damit man frei wird für andere und für anderes, frei für das Gemeinsame, frei für Gottes Weisungen.

3. Das Abendmahl.

Im Abendmahl an seinem Tisch verbindet der lebendige Christus seine Nachfolger mit sich selbst und untereinander. „Nehmet hin und esset, das ist mein Leib …“ – dieser Satz macht deutlich: In Christus gehören wir zueinander. Da ist keiner größer und wichtiger als der andere. Gemeinsam leben wir von der Vergebung unserer Sünden und von der Vergewisserung unseres Glaubens, denn im Abendmahl ist Jesus selbst der Spendende und Austeilende, der, der uns zu Brüdern und Schwestern macht.

4. Das Gebet.

Im griechischen Text steht hier die Mehrzahlform: „Sie blieben … in den Gebeten.“ Die ersten Christengemeinden kannten also nicht nur das Gebet des Einzelnen im „stillen Kämmerlein“ (Matthäus 6,6), sie übten auch das gemeinsame Beten im Kreis der Gemeinde, in Bitte und Fürbitte, Dank und Anbetung. Sie wussten: im Beten spricht sich der Glaube der Gemeinde aus, denn aus dem Hören auf Gottes Wort erwächst das Reden mit ihm. Die Kirche lebt davon, dass es in ihr Menschen gibt, die das Beten kennen und üben und die dadurch all das tragen, was in der Kirche geschieht.

Auch wenn sich im Laufe langer Jahrhunderte das Bild der Kirche tiefgreifend verändert hat, so müssen diese Grundlinien zu allen Zeiten erkennbar bleiben. Denn nur, wenn diese Linien zu erkennen sind, bleibt die Kirche das, was ihr Name sagt: die „Kyriake“, die dem „Kyrios“, dem Herrn Jesus Christus zugehörende Schar von Menschen. Wer sich darum zur „heiligen christlichen Kirche“ zur „Gemeinschaft der Heiligen“ bekennt, der bekennt sich zuerst zu diesen Grundlinien, die heute ebenso in Geltung stehen wie in den Zeiten des Anfangs.

Noch ein Weiteres ist auffallend und bemerkenswert, wenn wir den Text des Glaubensbekenntnisses an dieser Stelle, vor allem aber den lateinischen Grundtext genau beachten. Das Bekenntnis zur christlichen Kirche unterscheidet sich deutlich von den ihm vorausgehenden Sätzen. Hieß es in der vorigen Zeile: Credo in Spiritum sanctum, ich glaube *an* den Heiligen Geist, so lautet es nun: Credo ecclesiam, ich glaube *die* christliche Kirche. In der deutschen Übersetzung fehlt das Wörtlein „an“. Es heißt zwar: „Ich glaube *an* den Heiligen Geist ...“ Aber dann geht es weiter: „... *die* heilige christliche Kirche“. Das heißt: Als Christen glauben wir *an* Gott, den Vater, *an* Jesus Christus, unseren Herrn, *an* den Heiligen Geist. Und wir bekennen uns gleichzeitig zur Kirche als dem Werkzeug Gottes in dieser Welt. Wir tun das trotz der mancherlei Fehler und Mängel, trotz aller Unzulänglichkeiten, die wir an der Kirche erkennen, weil sie das Wirkungsfeld des Heiligen Geistes ist. Heilig ist die Kirche nicht aus sich selber, heilig ist sie, weil und solange Gottes Geist in ihr wirkt.

Leiden an der Kirche

Es gibt heute nicht wenige Menschen, die der Meinung sind, man könne in der Kirche von heute, in ihrer Gestalt, ihren Ämtern und Diensten, die Grundlinien des Anfangs nicht mehr erkennen. Der Prozess der Säkularisierung habe die Kirche verwandelt; notwendige strukturelle Veränderungen haben der Kirche eine andere Form und ein neues Gesicht gegeben. Unselige Trennungen aus theologischen und kulturellen Gründen lassen an ihrer Erkennbarkeit zweifeln. Und trotzdem gilt das Wort Martin Luthers, dass die Kirche „des Herrn Magd" sei. Bis heute steht sie – trotz vieler Schwächen – auf dem Grund, den Paulus so beschreibt: „Einen andern Grund kann niemand legen als den, der gelegt ist, welcher ist Jesus Christus" (1. Korinther 3,11). Auf diesem Grund steht die Kirche, auch wenn es manchmal schwierig ist, diesen Grund, oder genauer: den Grundstein Jesus Christus, zu erkennen (Epheser 2,10). Auch wenn wir an unserer Kirche in ihrer heutigen Gestalt, an ihrem Weg durch die Welt und an manchen ihrer Entscheidungen manches auszusetzen haben – und die nachwachsende Generation noch mehr – wenn viele Anstoß nehmen an ihrem Hang zur Säkularisierung, an der Veräußerlichung ihrer Gestalt und der distanzierten Gleichgültigkeit vieler ihrer Mitglieder – die Kirche ist und bleibt dennoch für viele die geistliche Heimat und der Ort zahlreicher Erfahrungen mit Jesus Christus und mit seinen und unseren Brüdern und

Schwestern. Trotz ihrer Unvollkommenheit, trotz mancher Irrtümer und Fehlwege, trotz Lauheit und Unentschiedenheit – wir halten fest an ihr, weil uns in der Kirche das Evangelium von Jesus Christus begegnet, das uns Hilfe und Halt bietet im Leben und das Richtung gibt für unseren Weg.

Dietrich Bonhoeffer hat in seiner Doktorarbeit „Sanctorum communio" von 1925 einst formuliert: „Das Einzelleben der Christen ist nur im Gesamtleben der Kirche wirklich." Schon zweihundert Jahre früher hatte Graf Zinzendorf, der Gründer der Herrnhuter Brüdergemeine, formuliert: „Ohne Gemeinschaft statuiere ich kein Christentum." Es ist ja so einfach, begünstigt vom nivellierenden Geist unserer postmodernen Zeit, die Fehler der Kirche herauszustellen und sich genüsslich darüber auszulassen. Im Credo der Kirche aber bekennt die Gemeinde sich zu der „heiligen christlichen Kirche", zur „Gemeinschaft der Heiligen", und sie richtet damit ein Zeichen auf, das dem Mainstream unserer Zeit zuwiderläuft. Dabei weiß die Gemeinde, dass die Kirche immer eine „ecclesia semper reformanda" sein muss, eine Kirche, die ständig bereit ist zur zeitgerechten Erneuerung, und deren Maß und Mitte neben dem biblischen Wort von Jesus Christus die Exklusivpartikel der Reformation bleiben: Solus Christus, sola scriptura, sola gratia, sola fide, Christus allein, die Schrift allein, aus Gnade allein, durch Glauben allein.

Es sind nicht wenige Menschen, durchaus nicht nur solche, die in konfessionellen Mischehen leben, die mit der Trennung der christlichen Konfessionen nicht zurechtkommen und die nicht verstehen können, warum es keine Wege und Brücken geben soll, auf denen die getrennten Konfessionen, vor allem evangelische und katholische Christen, sich begegnen und – wenn Gott es schenkt –, sich einmal vereinigen sollen. Diesem „Leiden" an der Trennung der Kirchen muss nun aber zugleich die Dankbarkeit für viele Gemeinsamkeiten an die Seite gestellt werden, Gemeinsamkeiten, an die vor wenigen Jahrzehnten noch niemand denken und glauben konnte. Es gibt zwar bis heute theologische Hürden, die einer vollen Gemeinschaft hindernd im Wege stehen: die Frage nach der Kirche, ihrem Wesen und ihren Ämtern, die Mariologie oder der Stellenwert der Heiligen in der Volksfrömmigkeit. Doch hier ist mit unbedachtem Eifer nichts zu erreichen. Es gilt dankbar die Wege zu nützen, die heute gangbar sind, und die Brücken zu beschreiten, die in den letzten Jahrzehnten errichtet wurden – in der Hoffnung, dass eines Tages sich jetzt noch verschlossene Türen öffnen werden.

Wir Evangelischen wissen zugleich, was wir an den reformatorischen Exklusivpartikeln haben. Zugleich wissen wir, dass es keine Uniformität der Glaubensformen gibt. Schon in der Zeit des Neuen Testaments hat das *eine* Wort verschieden ausgeprägte Gestalten von Gemeinden hervorgebracht. So unterscheidet der Neutestamentler Eduard Schweizer im Neuen Testament die paulinische, die palästinensische und die johanneische Gemeindeform. Jede dieser Gemeinden ist verschieden ausgebildet, jede hat ihre eigenen Schwerpunkte. Gott hat den Schatz des Evangeliums in „irdene Gefäße" gelegt (2. Korinther 4,7). So haben die verschiedenen Zeitgestalten von Kirche ihr biblisches Recht, solange sie der Gefährdung widerstehen, Alleinvertretungsansprüche gegenüber anderen Kirchen zu erheben oder zu einem Sprechsaal widersprüchlicher Meinungen zu werden.

„Einheit in versöhnter Verschiedenheit" – dieses Motto, das in den letzten Jahren aufgekommen ist, gilt es für die Gestalt der Kirche festzuhalten. Es geht nicht um eine Uniformierung der Christenheit. Aber darum geht es, dass die verschiedenen Prägungen des Glaubens und der Kirche sich zu einer gemeinsamen Mitte bekennen und auf das gleiche Ziel zugehen. „Die Kirche muss divers sein, weil die Menschheit divers ist; sie muss eins sein, weil Christus eins ist", so schreibt der englische Theologe Andrew Walls in seiner Auslegung des Epheserbriefes. Und der Greifswalder Theologieprofessor Michael Herbst zieht daraus die Konsequenz: „Unsere Kirchen müssen ihre Situation neu bedenken und sich mit einer wachsenden Zahl lokaler Gemeinden unterschiedlichster Art auseinandersetzen."

In der Tat: Eine Kirche, die den Anspruch erhebt, „Volkskirche" zu sein, also „Kirche für alle", muss aufmerksam die Erfordernisse der sich ändernden Zeit beachten. Sie muss „Kirche in der Zeit" sein und bleiben, eine Kirche, die eine erkennbare Mitte und einen unmissverständlichen Auftrag hat, die aber in der äußeren Form ihrer Angebote (bis hin zum Musikstil) dem Menschen und der Zeit gerecht wird. Keine Arbeits- und Gestaltungsform der Kirche ist allein deshalb unhinterfragbar, weil es sie schon immer gegeben hat. Eine sich ändernde Zeit braucht veränderbare Angebote der äußeren Form und Gestaltung. Aber trotz dieser Möglichkeiten der Veränderung und der Öffnung bleibt der Grundsatz gültig: Die Mitte muss gewahrt werden. Und diese Mitte ist für die Kirche aller Zeiten und Räume vorgegeben: Jesus Christus ist die Mitte.

… Vergebung der Sünden …

Jeder Mensch lebt mit seiner Vergangenheit. Diese lässt sich nicht einfach abstreifen. Man kann sie auch nicht ablegen, so wie man am Abend die Kleider ablegt, die man den Tag über getragen hat. Die Vergangenheit hängt uns an, ob uns das angenehm ist oder nicht. Wir Menschen sind identisch mit der Geschichte unserer Lebenszeit. Meine Vergangenheit – das ist ein Stück von mir.

Was unser Leben belastet

Nun ist es eine nicht zu leugnende Tatsache, dass wir uns an manches, was zu unserer Vergangenheit gehört, nicht gerne erinnern lassen. Nur mit deutlichem Unbehagen, vielleicht sogar mit peinlichen Empfindungen können wir an bestimmte Ereignisse oder Begegnungen zurückdenken. Gleichzeitig aber machen wir, wenn wir ehrlich sind gegen uns selbst, immer wieder die Erfahrung, dass scheinbar Vergessenes und Erledigtes in Wahrheit nicht vergessen oder erledigt ist. In Wahrheit ist das nur in einen anderen Raum unseres Lebens verlagert, vom Wachbewusstsein in das Unterbewusstsein. Dort aber lebt es real weiter. Immer von Neuem geschieht es, dass – im Bild gesprochen – in unserem Inneren eine Art „Aufzug“ aus dem unteren Bewusstseinsraum nach oben fährt und das vermeintlich vergessene, oft lange zurückliegende Ereignis in das Licht des Bewussten befördert, dann etwa, wenn wir nach langer Zeit einen bestimmten Ort besuchen oder mit bestimmten Menschen zusammentreffen. Durch diese Verbindung unserer Gedanken und Erinnerungen mit dem früheren Geschehen wird längst Versunkenes wieder ans Licht geholt und mit unserer Gegenwart verbunden. „Mit der Erinnerung ist es so bestellt, dass sie unangemeldet kommt. Sie klopft nicht an, sie ist einfach da, aber dann wird man sie manchmal nicht mehr los, vielleicht ein Leben lang“ – so lese ich in der Tageszeitung in einem Artikel zu dem Thema „Sprachlos nach dem Großen Störfall“ von Mirko Weber.

Die Psychoanalytiker vergleichen unsere menschliche Seele mit einem Eisberg. Dessen weitaus größter Teil liegt unter der Wasseroberfläche und ist deshalb nicht sichtbar. Ähnlich gesagt: Der größte Teil unseres menschlichen Denkens, unserer Regungen und Empfindungen liegt „unter der Oberfläche“. Es ist uns nicht bewusst. Sigmund Freud hat darauf aufmerksam gemacht, dass der Mensch ein überwiegend „unbewusstes Wesen“ ist. Wir können die unbewussten Teile unserer Existenz weder durch unser Wissen erkennen noch durch unseren Willen beeinflussen. Alles, was in den Raum des Unterbewussten verdrängt wurde, ist im Grunde unerledigt, es ist nur „ausgelagert“ an einen anderen „Ort“ unseres Menschseins.

Nun zeigt uns die Bibel, dass jeder Mensch, wer immer er auch sei, in seinem Leben so etwas wie einen unsichtbaren „Fahrtenschreiber" in sich trägt, auf dem in unbestechlicher Genauigkeit alles festgehalten ist, was er denkt, redet und tut. Bei Gott sind ja nicht nur unsere Gedanken, sondern auch unsere Hintergedanken bekannt, nicht nur unsere Worte und Taten, sondern auch unsere Motive. Wir Menschen haben keine Möglichkeit, auf dieses „laufende Band" Einfluss zu nehmen. Wir können aus eigener Kraft unsere verkehrte Lebensrichtung nicht ändern. Diese falsche Lebensrichtung nennt die Bibel „Sünde".

Es liegt heute deutlicher am Tage als in früheren Zeiten, welche Folgen die Sünde und die unerledigte Schuld unseres Lebens nach sich ziehen kann. Auf diese Tatsache haben uns die Beobachtungen und Erkenntnisse der Medizin und der Psychoanalyse geführt.

Unvergebene Sünde kann *medizinische Folgen* haben. Das ist schon im Alten Testament angedeutet. Es ist für heutige Menschen geradezu aufregend zu sehen, wie man schon damals Zusammenhänge geahnt und beschrieben hat, die in der Gegenwart von der medizinischen Forschung rundum bestätigt werden, etwa den Zusammenhang von Schuld und Krankheit: „Als ich es wollte verschweigen, verschmachteten meine Gebeine durch mein tägliches Klagen. Denn deine Hand lag Tag und Nacht schwer auf mir, dass mein Saft vertrocknete, wie es im Sommer dürre wird" (Psalm 32,3.4). Oder: „Lass mich hören Freude und Wonne, dass die Gebeine fröhlich werden, die du zerschlagen hast" (Psalm 51,10). So wird in der erdhaften Sprache des Alten Testaments ein höchst aktueller medizinischer Tatbestand dargestellt. In der Tat: Sünde und Schuld – das kann einen Menschen bis in sein körperliches Befinden hinein verfolgen und belasten.

Neben den medizinischen gibt es die *psychischen Folgen*, also Erscheinungen im Bereich der Psyche: Depressionen, Neurosen, Schwermut – bis hin zum Suizid. Solche psychischen Prozesse können mittelbar oder unmittelbar im Zusammenhang mit unbereinigter Vergangenheit und unvergebener Schuld auftreten.

Und schließlich die *sozialen Folgen* der Sünde. Es ist eine immer wiederkehrende Erfahrung: Verborgen gehaltene Sünde führt in Vereinzelung und macht einen Menschen unfähig zu echter Gemeinschaft. In seinem Pfarrerroman „Gott im Smog" lässt Hans Georg Jaekel den Pfarrer Andresen sagen: „Es gibt Dinge in unserem Leben, die wir mit Schweigen verschließen. Niemand erfährt etwas von ihnen. Wir glauben, niemand dürfte von diesen Dingen wissen. Würden sie bekannt, verlören wir unseren guten Namen. Aber die verheimlichte Schuld lässt uns vereinsamen und selbst den Menschen fremd bleiben, denen wir am nächsten sind."

Es ist deutlich, dass wir Sünde nicht selbst überwinden und schuldhaft Geschehenes nicht aus eigener Kraft ungeschehen machen können. Warum? Weil wir dem Phänomen „Schuld“ und „Sünde“ nicht gerecht werden, solange wir es nur im zwischenmenschlichen Bereich ansiedeln. Sünde hat immer eine Seite, die Gott zugekehrt ist. Alles, was wir anderen Menschen antun, zumuten oder schuldig bleiben, richtet sich letztlich gegen Gott. Denn unser Leben ist nicht nur den Mitmenschen zugekehrt, es ist immer zugleich Leben in der Beziehung zu und in der Verantwortung vor Gott. Alles, was wir reden, tun oder versäumen und unterlassen, ist bestimmt von dieser doppelten Beziehung.

Woher diese Belastung kommt

Was ist nun aber der Krankheitsherd in unserem Inneren, aus dem das konkrete äußere Fehlverhalten entspringt? Es ist, wie schon gesagt, die gestörte Beziehung zu Gott, das, was uns von ihm trennt: unsere Sünde.

In der deutschen Sprache hängt das Wort „Sünde“ mit dem Begriff „Sund“ zusammen. Als „Sund“ bezeichnet man einen tiefen Meeresgraben, der zwei ursprünglich zusammengehörende Landteile voneinander trennt. So scheidet, um ein Beispiel zu nennen, der „Große Sund“ den südlichen Teil Skandinaviens von Dänemark und der deutschen Ostseeküste. Sünde ist also der „Sund“, die Meerestiefe, die zwei vom Ursprung her zueinander gehörende Teile, zwei „Partner“, nämlich Gott und den Menschen, voneinander trennt. Sünde – das ist die Absonderung, die Trennung des Menschen von Gott. Es ist so, wie es Wolfgang Huber in seinem Buch „Der christliche Glaube“ beschreibt: „Sünde ist Trennung des Menschen von Gott. Ihr Kern besteht nicht in diesem oder jenem Vergehen, insbesondere kann das Wesen der Sünde nicht auf diese oder jene Verfehlung reduziert werden. Sünde meint eine Verkehrung in der Grundbestimmung des Menschen: seiner Bestimmung als einer Gott entsprechenden Person, die auf Gottes Anrede antwortet und zum Zusammensein mit den Mitmenschen und der Mitkreatur berufen ist.“

Gehen wir von der griechischen Grundbedeutung des Wortes aus, so zeigt sich uns zwar ein anderes Bild, das aber genau denselben Tatbestand markiert. „Hamartia“, das griechische Wort für „Sünde“, stammt aus dem Anschauungsbereich eines Soldaten der Antike. Wir müssen uns jetzt einen Bogenschützen vorstellen, der versucht, mit seinem Pfeil eine Zielscheibe genau in der Mitte zu treffen. Durch äußere Einflüsse, etwa durch starken Wind oder durch eine zitternde Hand beim Zielen, verfehlt er aber das anvisierte Ziel und trifft die Scheibe nur am Rand. Die Entfernung, die zwischen dem anvisierten und dem tatsächlich erreichten Ziel liegt, nannte man „Hamartia“, also: Zielverfehlung.

Damit ist klar, was die Bibel meint, wenn sie von „Sünde“ redet: die Zielverfehlung im Leben des Menschen. Es ist die „Grundsünde“ des Menschen, dass er sich in die verkehrte Richtung bewegt und falschen

Zielen nachjagt. Sünde ist demnach nicht zuerst und vordergründig ein verkehrtes Tun oder Verhalten, sondern eine verkehrte Lebensrichtung. Diese Richtungsverkehrung im Zentrum unseres Lebens bedingt nun zwangsläufig auch Verhaltensweisen, die von Gottes Wort und Willen abgekehrt sind, etwa die zahllosen großen oder kleinen „Sündenfälle" in unserem täglichen Leben, die bewusst oder unbewusst, gewollt oder ungewollt geschehen. Diese Sündenfälle sind die äußerlich sichtbar werdenden Symptome der Grundverkehrung unseres Lebens, eben des Getrenntseins von Gott. Die unbeglichenen Rechnungen zwischen einzelnen Menschen und Familien, Interessengruppen, Völkern und Rassen, alles, was wir anderen schuldig bleiben, angefangen im innersten Bereich von Ehe und Familie, über den größeren Rahmen der Arbeitswelt und der öffentlichen Verantwortung bis hin zu den Kriegen und Terrorakten im Weltformat – das alles zusammen bildet das „Meer" menschlicher Schuld, das sich durch die Trennung von Gott und durch die Vergötzung des Menschen und seiner Macht ergibt. Dieses alles müssen wir in den Blick nehmen, wenn wir von Schuld und Sünde reden und wenn wir im Bekenntnis unseres Glaubens von Vergebung der Sünde sprechen.

Ungezählte Menschen leiden unter den Lasten, die aus der Grundverkehrung ihres Lebensweges entspringen. Es gab und gibt ehrliche und tapfere Versuche der Menschen, mit solchen Belastungen fertig zu werden. Aber sie können keine entscheidende Hilfe bringen, solange sie nur auf die horizontale Ebene der Schuld bezogen sind und die vertikale außer Acht lassen. Wo es um konkrete Schuld geht, helfen keine Gelübde und Wallfahrten, keine asketischen Übungen, keine Opfer, auch keine Weltreisen, auf denen man sich selbst vergessen will, wenn Gott, der letzte Bezugspunkt menschlicher Schuld, dabei aus der Sicht gerät. Erst recht helfen hier nicht die Automaten der Seelenpflege, die Redaktionsbriefkästen und Antwortspalten von Illustrierten und Wochenblättern. Gegen die Last unvergebener Sünde kann nur eine Behandlung helfen, die an die Wurzeln geht.

Wie uns geholfen wird

Es gibt keine Befreiung aus dem Zwang der Sünde – ohne Gott. So wenig wie sich ein Ertrinkender am eigenen Haarschopf aus dem Wasser ziehen kann, so wenig kann ein Mensch sich selber aus dem Meer der Sünde befreien. Hilfe kann hier nur von außen kommen. Bei einem Bergwerkseinsturz sind die in der Tiefe eingeschlossenen Bergleute ganz auf die Rettungsmannschaften angewiesen, die sich von oben her zu den Eingeschlossenen vorarbeiten.

Eben das hat Gott getan. Er hat einen Retter auf den Weg geschickt mit dem Auftrag, die im Gefängnis der Sünde eingeschlossene Menschheit zu befreien. Jesus Christus ist dieser Gesandte Gottes, der „Heiland“, was ja nichts anderes heißt als „Retter“. Jesus – dieser Name ist für sich selbst schon ein Programm:

Gott befreit. Mit dieser Zielbestimmung wurde er geboren: „Er wird sein Volk retten von ihren Sünden" (Matthäus 1,21). Gott befreit. Das ganze Leben und Wirken Jesu, sein Leiden, Sterben und Auferstehen hat von Anfang bis Ende diesem Befreiungsprogramm gedient, indem es in der Mitte einer in Sünde gefangenen Menschheit ein Zeichen der Befreiung aufgerichtet hat. Seine Verkündigung war „Befreiungstheologie", sonst nichts.

Die Evangelien im Neuen Testament berichten mit vielen eindrucksvollen Beispielen, wie Jesus zu den Menschen ging und sie von Sünde und Angst befreit hat. „Deine Sünden sind dir vergeben" (Markus 2,5) – so lautet das befreiende Wort, mit dem Jesus die Ketten sprengt. Wen er frei macht, der ist „wirklich frei" (Johannes 8,36). Diese Befreiungsaktion Jesu hat mit seinem Tod am Kreuz ihren Höhepunkt erreicht. Dort ist Jesus zwischen die Menschen und ihre Schuld getreten. „Durch sein eigenes Blut ... hat er eine ewige Erlösung erworben", so sagt es der Hebräerbrief (9,12). So hat Gott die Schuld beglichen, die Sünde vergeben. Gott sagt ja zum Sünder, aber nein zur Sünde.

Weil Jesus am Kreuz sein Leben für unsere Schuld gegeben hat, macht es Sinn, wenn wir mit den Worten des Vaterunsers beten: „Und vergib uns unsere Schuld ..." Denn Gott hat am Kreuz seines Sohnes die Voraussetzung dafür geschaffen, dass mir meine Sünden vergeben werden können, dass ich losgelöst werde von allem, was mein Leben belastet, was mir den Frieden nimmt und meine Freude hemmt.

Aber nun hat Jesus seinen göttlichen Auftrag, Menschen von der Last ihrer Sünde zu befreien, nicht für sich allein behalten. Er hat ihn seinen Jüngern, seiner Kirche weitergegeben: „Welchen ihr die Sünden erlasst, denen sind sie erlassen" (Johannes 20,23). Dieser Dienst der Lossprechung von Sünden wird in der Kirche Jesu Christi bis heute wahrgenommen. Er gehört zu den Essentials der christlichen Kirche. Deshalb sprechen wir im Glaubensbekenntnis: „Ich glaube an den Heiligen Geist, ... Vergebung der Sünden ..." Vergebung – das macht uns jede Feier des Heiligen Abendmahls deutlich. Ein besonders hilfreicher Weg zur Trennung von der Schuld ist das persönliche Bekennen konkreter Schuld, die Beichte, in der Sünde beim Namen genannt und unter den Zuspruch der Vergebung gestellt wird. Das ist schon in der Bibel geordnet: „Bekennt einander eure Sünden und betet füreinander", so lautet dort eine apostolische Mahnung (Jakobus 5,16). Das ist nicht als ein Gesetz zu verstehen, es ist ein Angebot seelsorgerlicher Hilfe. Die Anrufung Gottes im Vaterunser „... und vergib uns unsere Schuld" und das persönliche Schuldbekenntnis vor Jesus Christus in Gegenwart einer seelsorgerlich handelnden Person sind Wege in die Freiheit, Wege aus dem Dunkel in das Licht. Denn wo Sünde vergeben wird, wird Raum geschaffen für ein neues Leben mit Christus. „Der Zuspruch der Sündenvergebung ist ein Grundvollzug des christlichen Glaubens. Er schließt die Einsicht in die Sünde und dessen Bekenntnis mit ein. Dem dienen die Beichte und die mit ihr verbundene Lossprechung von den Sünden, die Absolution“ (Wolfgang Huber).

Gottes Bereitschaft zu vergeben zielt aber gleichzeitig auf unsere Bereitschaft, anderen Menschen die Vergebung nicht zu verweigern. Vergebung der Sünden wird uns zwar von Gott ganz umsonst zuteil. Doch sie bleibt ohne Wirkung, wenn wir selber nicht bereit sind, anderen zu vergeben. Wie ein See, dessen Wasser keinen Abfluss hat, langsam immer kleiner wird und schließlich verlandet, so wird die von Gott empfangene Vergebung der Sünden in unserem Leben immer weniger wirksam werden und bleiben, wenn wir nicht „für Abfluss“ sorgen, wenn wir nicht selber Boten der Vergebung und Friedensstifter werden.

Vergebung der Sünden – das ist wie ein Brückenbau. Wo Menschen einander Gottes Vergebung weiterschenken, da werden Brücken der Liebe und des Vertrauens gebaut. Da kann neue Gemeinschaft entstehen, die Gemeinschaft begnadigter Sünder, die von der Vergebung leben und die sich gegenseitig mit der Vergebung trösten.

... Auferstehung der Toten und das ewige Leben

Karl Barth, der große Theologe des 20. Jahrhunderts aus der Schweiz, hat einmal geschrieben: „Das menschliche Leben ist ein Dasein unter den Drohungen des Todes.“ So ist es in der Tat. Tagtäglich erfahren wir die Wahrheit dieses Satzes, wenn wir die Todesnachrichten in der Tageszeitung durchsehen, wenn wir von Verkehrsunfällen mit Toten lesen oder im Fernsehen über die Kriegs- und Terroropfer in aller Welt informiert werden. Zu allen Zeiten, von der Jugendzeit bis ins Greisenalter, ist der Mensch vom Tod bedroht. Das Sicherste, was wir über unser Leben und über die Zukunft wissen, ist dies, dass jeder Mensch unausweichlich einer letzten Stunde entgegengeht. Niemand vermag zu sagen, wann diese Stunde erreicht sein wird.

Der Tod ist das dunkle Rätsel an der Grenze des menschlichen Lebens. Wohl gelingt es heute durch die fortschreitenden Erkenntnisse und Erfahrungen im Bereich der Medizin und der Gerontologie sowie durch die Vervollkommnung unserer Lebensumstände, etwa der Hygiene, den Zugriff des Todes für einige Zeit aufzuhalten und das Ende des Lebens auf früher nie gekannte und erreichte Lebensjahre hinauszuschieben. Aber überwinden können wir Menschen die Allgewalt des Todes nicht. Wenn es darum eine Frage gibt, die durch die Jahrhunderte hindurch die Menschheit nicht zur Ruhe kommen ließ, dann ist es die Frage nach dem Geheimnis des Todes. Man hat im Lauf der Menschheitsgeschichte die vielfältigsten Künste angewandt, um der unergründlichen Mächtigkeit des Todes beizukommen. So hat man versucht, den Tod und seine Schrecken zu bagatellisieren, zu ignorieren oder zu negieren. Man hat ihn zu einem Naturgesetz erklärt und sich fatalistisch damit abgefunden, dass der Tod ungefragt allem Leben ein Ende setzt.

Es ist zwar eine weit verbreitete Meinung, dass es für den Menschen ein Weiterleben nach dem Tode gibt. In den Kindern etwa, in den Werken, die ein Mensch vollbracht hat, in der Erinnerung der Nachwelt. Aber im Grunde werden die Fragen um Sterben, Tod und Auferstehung, auch die Fragen nach einem wie auch immer gestalteten Weiterleben nach dem Tod, verdrängt oder bestritten. Auch die Einflüsse, die von anderen Weltreligionen auf diese Fragestellungen ausgehen, etwa die einer möglichen Reinkarnation des Verstorbenen, helfen hier nicht weiter.

Wie dem auch sei – ob man den Tod als unabwendbares Schicksal versteht, in das man sich wie in alle Naturgesetze einfach zu fügen hat, oder ob man ihn philosophisch erklärt – so viel ist gewiss: man wird auf allen diesen Wegen mit dem Rätsel des Todes nicht fertig.

Was Sterben und Tod bedeuten, das sagt uns das biblische Evangelium, das uns den Tod Jesu zeigt und deutet. Deshalb kann ein Theologe der jüngeren Vergangenheit, Otto Weber, mit Recht sagen: „Ganz ernst wird der Tod nur da genommen, wo Gott ganz ernst genommen wird.“ Die Bibel sagt uns, dass der Tod nicht ein Freund des Menschen, nicht der große Befreier, sondern etwas zutiefst Gottwidriges ist. Paulus nennt ihn sogar den „letzten Feind“ (1. Korinther 15,26). Denn der Tod hat es fundamental mit der Beziehung der Menschen zu Gott zu tun. Er ist die Folge (Luther übersetzt: der Sold) der Sünde des Menschen, die Konsequenz des Abfalls von seinem Schöpfer (Römer 6,23). Keine Kreatur wird durch den Tod so radikal betroffen wie der Mensch. Darum ist es nicht realistisch, wenn man den Tod philosophisch verbrämt.

Als ein Beispiel für viele sei Thomas Mann zitiert. Er lässt in seinem großen Roman „Die Buddenbrooks“ den sterbenden Konsul Buddenbrook seinen Tod begrüßen als die Befreiung aus namenloser Irrung des Lebens, aus quälender Gefangenschaft des irdischen Leibes: „Was ist der Tod? … Der Tod war ein Glück, so tief, dass es nur in begnadeten Augenblicken ganz zu ermessen war. Er war die Rückkunft von einem unsäglichen peinlichen Irrgang, die Korrektur eines schweren Fehlers, die Befreiung von den widrigsten Banden und Schranken – einen beklagenswerten Unglücksfall machte er wieder gut. Ende und Auflösung?

Dreimal erbarmungswürdig jeder, der diese nichtigen Begriffe als Schrecknisse empfand! Was würde enden und was sich auflösen? Dieser sein Leib – diese seine Persönlichkeit und Individualität, dieses schwerfällige, störrische, fehlerhafte und hassenswerte Hindernis, etwas anderes und besseres zu sein! War nicht jeder Mensch ein Missgriff und Fehltritt? Geriet er nicht in eine peinvolle Haft, sowie er geboren ward? Gefängnis! Gefängnis! Schranken und Bande überall! Durch die Gitterfenster seiner Individualität starrt der Mensch hoffnungslos auf die Ringmauern der äußeren Umstände, bis der Tod kommt und ihn zu Heimkehr und Freiheit ruft."

Was der Tod wirklich ist, wird erst am Tod Jesu deutlich. In seinem Tode ist das Urteil Gottes über den Menschen vollstreckt. Ihn, den einzig Sündlosen, hat Gott „für uns zur Sünde gemacht" (2. Korinther 5,21). In seinem Tod hat Gott selbst den Tod auf sich genommen. Von daher ist verständlich, dass Jesus keinen „schönen Tod" erleiden konnte, so wie ihn etwa Sokrates gehabt hat, als er den mit Gift gefüllten Becher trank. Jesus hat gezittert vor den Schrecken des Todes. Weil der Tod die Konsequenz der Sünde ist, konnte er ihn nur überwinden, indem er die Sünde der Menschen sühnte. Das ist am Kreuz auf Golgatha geschehen. In seinem Tod am Kreuz ist Jesus „des Todes Tod" (Otto Riethmüller) geworden. In seiner Auferweckung von den Toten wurde der Triumph Gottes über den Tod offenbar. Denn er, Gott allein, steht über der Mächtigkeit des Todes.

Das Kreuz Jesu enthüllt den Sinn des Todes. Seine Auferstehung ist Gottes Urteilsspruch über den Tod. Darum ist allein von der Auferstehungsbotschaft her die rechte Stellung zum Tod zu gewinnen.

Der biblische Auferstehungsglaube

Derselbe Theologe, den ich zu Beginn dieses Abschnitts erwähnt habe, Karl Barth, sei hier noch einmal zitiert: „Das christliche Dasein ist ein Leben unter der Zusage der Auferstehung… Das Wort Auferstehung ist die Antwort Gottes auf den Schrecken des Todes." In der Auferweckung seines Sohnes hat Gott ein Ja zum Leben des Menschen gesprochen, dem die Schatten des Todes nicht gewachsen sind. Damit ist deutlich, dass im Blickpunkt christlicher Hoffnung der Tod nicht Abschluss und Endziel des Lebens sein kann. Er ist der Durchgang zu einem neuen, anderen Sein. „Die Botschaft von der Auferstehung Jesu Christi ist der Grund der Hoffnung auf unsere eigene Auferstehung" (Kardinal Walter Kasper).

Was meint nun das Neue Testament, wenn es von der Auferstehung der Toten spricht? Es meint nicht eine Verharmlosung des Todes. So kann Paulus in illusionsloser Nüchternheit von der Macht des Todes reden und schreiben. Nur wer weiß, was der Tod ist, kann auch begreifen, was Auferstehung der Toten heißt. Auferstehung im biblischen Sinn, das meint auch nicht die Fortsetzung unseres irdischen Lebens unter veränderten Vorzeichen. Im Grunde ist die Auferstehung der Toten nichts anderes als eine zweite Schöpfung. Allerdings ist die Auferweckung der Toten – das wird an der Auferweckung Jesu deutlich – keine Schöpfung aus dem Nichts. Sie geschieht an der von Gott durch Sterben und Tod hindurch festgehaltenen Person, unter Wahrung der Identität eben dieser Person, aber doch in völliger Verwandlung ihrer Gestalt. Sie geschieht in der Freiheit des göttlichen Schöpfers, Erhalters und Vollenders der Welt. Er wird die Person des Menschen in einer neuen Leiblichkeit und dennoch unter Wahrung ihrer Identität auferwecken, nachdem der Tod sie dem Augenschein nach zerstört und ausgelöscht hatte.

Dieser neue Leib der Auferstehung hat freilich mit dem irdischen Leib nichts mehr gemein. Die Kontinuität der Person und ihre Identität hat nirgendwo im Menschen ihren Anhalt, sondern allein in der Treue Gottes, der den Menschen in seinem „Gedächtnis" festhält und wieder zu sich ruft. So ist das Geschehen der Auferweckung nichts anderes als eine neue Schöpfung.

Dieses neue Schöpfungshandeln Gottes hat mit der Auferweckung Jesu begonnen. Seine Auferweckung von den Toten ist Fundament und Beispiel der biblischen Auferstehungshoffnung.

Jesu Auferweckung von den Toten hat Konsequenzen für alle Verstorbenen. In Jesus und an ihm ist bereits geschehen, was für uns Menschen noch aussteht. Die christliche Hoffnung auf eine Auferstehung der Toten und ein ewiges Leben hat ihren Grund darin, dass Jesus Christus „der Erstling“ der aus dem Tode Auferweckten ist (Römer 8,11; 1. Korinther 15,20; Kolosser 1,18; 1.Thessalonicher 4,14). Die Auferweckung Jesu ist kein Ereignis für sich allein. Sie ist ein Anfang, dem eine Fortsetzung folgen wird. Die Auferstehung Jesu mündet in die Auferstehung der Toten. Beides gehört unlösbar zusammen. Mit der Auferweckung Jesu wurde eine entscheidende Zäsur in unserer Welt vollzogen. Die bisher unbesiegbar scheinende Macht des Todes ist aufgebrochen. Wenn die Folgen dieses Ereignisses bislang nur an einem Einzigen sichtbar geworden sind, so gelten sie doch grundsätzlich für alle.

Paulus nennt Jesus mit einem Begriff aus der Zeit der Ernte einen „Erstling“ (1. Korinther 15,20). Das Alte Israel feierte fünfzig Tage nach Ostern das „Fest der Erstlinge“ (3. Mose 23,10 ff.), dem dann in gemessenem Abstand die Haupternte folgte. So ist die Auferstehung Jesu, im Bild gesprochen, die „Erstlingsfrucht“, der die „Haupternte“ noch folgen wird. Zur Begründung dieser Beweisführung stellt Paulus die Gestalten von Adam und Christus einander gegenüber: Adam als den Repräsentanten der alten, Christus als den der neuen Menschheit. Beides, die Sünde Adams und die Auferstehung Christi haben universale Folgen für das ganze Menschengeschlecht (1. Korinther 15,21 ff.). So sind die schon geschehene Auferstehung Jesu Christi und die noch ausstehende Auferstehung der Toten aufs Engste miteinander verbunden. Wie eine Geburt, wenn sie einmal in Gang gekommen ist, sich nicht mehr aufhalten lässt, so lässt sich auch die Bewegung Gottes, die mit der Auferweckung Jesu begonnen hat und deren Ziel die endgültige Überwindung des Todes ist, nicht mehr aufhalten.

Totenauferstehung – aber wie?

Das Bekenntnis zur Auferstehung der Toten und zu einem „ewigen Leben" bedeutet allerdings nicht, dass der Leib, der ins Grab gelegt wurde, wieder aus seiner Ruhestatt hervorgeht. Unser irdischer Leib fällt der Verwesung anheim. Es geht also nicht um eine Wiederbelebung des alten, sondern um eine Neuschöpfung des Leibes, der aus Gottes Schöpferwirken hervorgeht. So sagt es Paulus in seinem Brief nach Korinth (1. Korinther 15,42–49): „Es wird gesät verweslich und wird auferstehen unverweslich … Es wird gesät ein natürlicher Leib und wird auferstehen ein geistlicher Leib." Ein „geistlicher Leib", das ist die neue Lebensform in der Welt der Auferstehung und des ewigen Lebens.

„Leiblichkeit ist das Ende der Wege Gottes", so lautet ein schönes Wort des württembergischen Prälaten und Pietistenvaters Christoph Friedrich Oetinger (1702–1782). In der neuen Leiblichkeit der Auferstehung kommt die Person als eine von Gott geschaffene und durch den Tod hindurch festgehaltene Individualität zum Ausdruck, unverwandelbar und unaustauschbar. Gottes Treue ist die Garantie dafür, dass die Selbigkeit der Person durch den Tod nicht zerstört oder aufgelöst wird.

Nun schreibt Paulus (1. Korinther 15,23.24) von verschiedenen Stufen in der Abfolge der Totenauferstehung: „Ein jeder aber in seiner Ordnung: als Erstling Christus; danach, wenn er kommen wird, die, die Christus angehören; danach das Ende ...“ Das erste dieser „Daten der Auferstehung“ gehört schon der Vergangenheit an. Nur ein Einzelner steht auf dieser Stufe: Jesus Christus. Er bildet als „Erstling“ die Spitze des Zuges der Auferstandenen. Wo aber ein Erster ist, werden weitere folgen. Wie das Erwachen der Natur im Frühling nicht mehr aufzuhalten ist, wenn die ersten Schneeglöckchen und Tulpen aufblühen, so lässt sich die Auferstehung der Toten nicht mehr aufhalten. Denn mit Christus hat diese neue Lebensbewegung der Menschheit begonnen.

Auf der zweiten Stufe stehen alle, „die Christus angehören“. Also alle, die im Glauben an Christus, ihren Versöhner und Erlöser, entschlafen sind (1. Thessalonicher 4,16). Ihr Herr wird sie erwarten und empfangen, wenn er wiederkommt. Das dritte „Datum“ bildet die Auferstehung der übrigen (wörtlich: der restlichen) Menschheit, wenn der Sohn Gottes „das Reich Gott, dem Vater, übergeben wird“ (1. Korinther 15,24) und die Welt zu ihrer Vollendung kommt. Was, rein zeitlich betrachtet, zwischen dem Tod eines Menschen und der Auferstehung der Toten liegt, ist ein „Wartezustand der Vorvollendung“ (Walther Künneth), der nicht mehr unter den Gesetzen irdischer Zeitrechnung steht.

Auch wenn die Auferstehung der Toten ein Ereignis ist, das noch in der Zukunft liegt, so muss doch festgehalten werden, dass die Schar der an Christus Glaubenden im Geist schon mit Christus, ihrem Herrn, auferstanden und vom Tod zum Leben durchgedrungen ist (Kolosser 2,12; 3,1; 1. Johannes 3,14). Sie lebt schon mitten in dieser Welt und Zeit im Kraftfeld des auferstandenen Christus, in seiner Gegenwart. Die Bibel und unser Bekenntnis nennen dieses Leben in der Gemeinschaft des auferstandenen, lebendigen, gegenwärtigen Christus „ewiges Leben“ – nicht erst in der Zukunft, sondern heute schon, inmitten einer vergehenden Welt. So ist der Tod für alle, die Christus angehören, wohl noch der Schlusspunkt ihrer irdischen Existenz, aber er kann sie nicht mehr von der Gemeinschaft mit Christus scheiden. Sie sind und bleiben in der Hand des lebendigen und gegenwärtigen Herrn (Johannes 10,27–30). Die zukünftige Auferstehung wird nur enthüllen und vollenden, was dem Glauben schon in dieser Welt und Zeit, wenngleich noch verborgen, geschenkt ist: „... und ich gebe ihnen das ewige Leben“ (Johannes 10,28).

„Ihr seid gestorben, und euer Leben ist verborgen mit Christus in Gott. Wenn aber Christus, euer Leben, sich offenbaren wird, dann werdet ihr auch offenbar werden mit ihm in Herrlichkeit“ (Kolosser 3,3.4).

Wohl uns, wenn wir diese Zukunftsperspektive über unserem Leben anerkennen und annehmen – und mit der Liedzeile aus Paul Gerhardts Morgenlied von der güldnen Sonne sprechen können: „Dahin sind meine Gedanken gericht'.“

Literaturverzeichnis

Barth, Karl: Credo. Die Hauptprobleme der Dogmatik im Anschluss an das Apostolische Glaubensbekenntnis, 1946

–, Dogmatik im Grundriss, 1947

Herbst, Michael: Mission kehrt zurück. Internationale Gemeinden in Deutschland, in: Theologische Beiträge, 1/2010, S. 8 – 24

Huber, Wolfgang: Der christliche Glaube. Eine evangelische Orientierung, 2008

Kasper, Walter Card.: Wer glaubt, zittert nicht. Ermutigungen zum Leben, 2009

Lamparter, Helmut (Hg.): Das Wahrzeichen des Christenglaubens. Eine Besinnung auf das Apostolische Glaubensbekenntnis,1965

Lang, Friedrich: Die Briefe an die Korinther, NTD Band 7, 16. Aufl. 1986

Pannenberg, Wolfhart: Das Glaubensbekenntnis – ausgelegt und verantwortet vor den Fragen der Gegenwart, GTB – Siebenstern – Taschenbuch 165, 3. Aufl. 1979

Rad, Gerhard von: Das erste Buch Mose, ATD Band 2, 1950

–, Theologie des Alten Testaments, Band 1, 7. Aufl. 1978

Schweizer, Eduard: Das Leben des Herrn in der Gemeinde und in ihren Diensten, 1946

Sorg, Theo (Hg.): Credo heute. Predigthilfen zum Glaubensbekenntnis, 1975

Stuhlmacher, Peter: Biblische Theologie des Neuen Testaments, Band 1, 1992; Band 2, 1999

–, Biblische Theologie und Evangelium. Gesammelte Aufsätze, 2002

Thielicke, Helmut: Ich glaube. Das Bekenntnis der Christen. Herder-Bücherei 396, 1967

Westermann, Claus: Theologie des Alten Testaments in Grundzügen, ATD-Ergänzungsreihe Band 6, 1978
Wilckens, Ulrich: Theologie des Neuen Testaments, Band II/1, 2007

Christoph Bergner

Die Kirche und das liebe Geld

Ein Plädoyer für verantwortliches Handeln

Calwer Paperback

Herausgegeben von der Calwer Verlag-Stiftung

198 Seiten

ISBN 978-3-7668-4100-1

Kirche und Wirtschaft sind seit jeher eng aufeinander bezogen. Als Teil dieser Welt kann Kirche ohne wirtschaftliche Prozesse nicht existieren, und bis heute prägen theologische Einsichten das Wirtschaftsleben. So hat der Protestantismus für die wirtschaftliche Entwicklung der Neuzeit und das Modell der Sozialen Marktwirtschaft entscheidende Beiträge geleistet.

Christoph Bergner legt konkrete Vorschläge vor und mahnt die evangelischen Einsichten an, die die wirtschaftlichen Entscheidungen in der Kirche prägen sollten: hohe Eigenverantwortung, flache Hierarchien und einen ausgeprägten Sinn für das Gemeinwohl.

Inhaltsverzeichnis und Leseprobe finden Sie unter: www.calwer.com

Calwer Verlag Stuttgart

Rolf Steinhilper

**Depression –
Vertrauen finden und Hoffnung stärken**

Calwer Paperback
Herausgegeben von der Calwer Verlag-Stiftung
200 Seiten

ISBN 978-3-7668-4145-2

Aus seiner langjährigen Seelsorge- und Beratungspraxis schildert Rolf Steinhilper unterschiedliche Erscheinungsformen der Depression und erklärt Träume und Verhaltensweisen der Patienten. Sowohl Erkenntnisse aus der Psychotherapie wie auch die seelsorgerliche Kraft biblischer Texte und Bilder fließen in seine Beratungspraxis ein.

Das Buch macht Betroffenen und Angehörigen Mut, Wege aus der Depression zu finden und zu gehen. Für Pfarrerinnen und Pfarrer ist es eine hilfreiche Handreichung für die seelsorgerliche Begleitung.

Inhaltsverzeichnis und Leseprobe finden Sie unter: www.calwer.com

Calwer Verlag Stuttgart

Hans Lachenmann

Sieh hin und du weißt

Ein theologisches Gespräch mit Hans Jonas

Calwer Paperback
Herausgegeben von der Calwer Verlag-Stiftung
94 Seiten

ISBN 978-3-7668-4087-5

In fünf Traktaten zeigt Hans Lachenmann, was Pflicht für die Eltern ist, dass vor aller Bildung Bindung steht und wie Ehe und Familie mit dem Wesen des Menschen zusammenhängen: Ein Kind entspringt der liebenden Beziehung zwischen Mann und Frau. Und diese entspricht der Urbeziehung des Menschen zu Gott.

Der Autor hinterfragt in seinem Buch eine absolut gesetzte Wissenschaft, die von Gott nichts mehr weiß und den Menschen für autonom erklärt, und zeigt die Konsequenzen auf.

Inhaltsverzeichnis und Leseprobe finden Sie unter: www.calwer.com

Calwer Verlag Stuttgart